Lo que otros dicen acerca de April Stutzman y Las Crónicas de Una Discernidora

Si estás deseando recibir mentoría en las cosas del espíritu, la buena noticia es que tienes en tus manos las inestimables perspectivas personales de alguien que te ha precedido. En este libro, April Stutzman revela su travesía personal de descubrimiento en cuanto al discernimiento de espíritus. Pocas personas están preparadas para compartir lo que vas a leer aquí por temor a ser ridiculizadas, consideradas extrañas o desadaptadas. Sin embargo, si alguna vez has captado pensamientos que no eran tuyos, has recibido sensaciones inexplicables en alguna parte de tu cuerpo o has sentido o visto a ángeles, es probable que estabas operando en el discernimiento de espíritus. April proporciona sabiduría en cuanto a cómo aprendió a navegar por estas experiencias. La triste verdad es que muchos malinterpretan estos vistazos al mundo de los espíritus que les rodea y, en consecuencia, no alcanzan la plenitud de su potencial espiritual. El discernimiento de espíritus es un don complementario y por eso a menudo se pasa por alto. Sin embargo, este don del Espíritu Santo realza y afina todos los demás dones, incluyendo: la liberación, el consejo, la interpretación de los sueños y la profecía. Este libro es una travesía de descubrimiento oportuna y fácil de leer, que añadirá años de experiencia y ampliará tu comprensión personal de la multifacética voz del Espíritu de Dios.

Adrian Beale yAdam F Thompson
Autores de *The Divinity Code to Understanding your Dreams and Visions*
thedivinitycode.org

Sería difícil imaginar un momento mejor en la historia para un libro sobre el tema del discernimiento de espíritus. Con el actual conflicto aparentemente continuo entre ideologías políticas, sistemas económicos, identidades de género y políticas de identidad, moralidad sexual y el papel dominante del gobierno en cada área de la vida, tenemos que poder ver el mundo a través de los ojos de Dios y actuar de forma decisiva y confiada por Su gracia.

Las mentalidades tradicionales no nos mostrarán cómo vivir en estos tiempos caóticos. Tenemos que conocer la voluntad de Dios y ser capaces de articularla contra toda filosofía vana y orientación mundana para ser vencedores.

Recomiendo encarecidamente el libro de April Stutzman, *Las crónicas de una discernidora*, como guía útil a través del confuso laberinto de las modernas agendas demoníacas que asedian a cada paso a los cristianos profesantes de hoy.

Joan Hunter Autora/evangelista de sanidades
Anfitriona del Programa de TV Miracles Happen
(Los Milagros Suceden)

Wow...este libro es un gran lectura y a la vez fácil de leer. Las experiencias de April fueron el suelo del Espíritu Santo para que Sus semillas crecieran y la hicieran madurar en este don. Ella es precisa y enseña a lo largo del camino, mientras navega por su travesía. Es un libro ungido y muy necesario en la hora en que vivimos. ¡Lo recomiendo encarecidamente!

Constance J. Bounds
God's Eagles Ministry

A medida que aumenta la necesidad de discernimiento en esta hora, muchos se están dando cuenta de que poseen este don de discernimiento de espíritus. *Las crónicas de una discernidora* es un excelente libro que presenta, desglosa y articula este don. Es una gran herramienta para cualquier nivel, pero especialmente para aquellos que se están adentrando en el don del discernimiento de espíritus. Los que están creciendo en este don adquirirán una mayor confianza y una mayor seguridad de que no están solos en este don. ¡Es normal!

Madeline James, fundadora de Ministerios Madeline James y autora de *Unlocking Your Prophetic Voice*

Las crónicas de una discernidora es una guía práctica pero poderosa que te ayudará a entender el don del discernimiento con mayor profundidad. April te guía a través de su propia travesía personal de este don singular y comparte cómo hizo crecer sus "músculos espirituales" para soportar el peso de lo que el Señor le ha mostrado a lo largo de los años de cultivar una relación hermosa y personal con el Espíritu Santo. April también te ayuda a navegar por lo que quizá ya estés experimentando o vayas a experimentar en tu propia vida y llamado. Este libro no solo te dará un lenguaje, sino que también despertará en ti el hambre de ir en pos de una relación íntima con el Espíritu del Dios Vivo y de aliarte con Él en todo lo que disciernas. ¡Prepárate para aprender a ejercer este don en el amor del Padre!

Teryn Yancey,
Cofundadora de Glory Culture International

April Stutzman ha escrito un libro acerca del discernimiento que no es una disertación teológica, sino que ha nacido del fuego de la prueba. Dios ha levantado a su hija como una voz profética para impartir a las naciones del mundo. Esta enseñanza procede de muchas batallas personales que ella ha peleado y ganado. Oí a un ministro decir que la Palabra de Dios no está a prueba; porque la Palabra del Señor nos probará como la Palabra probó a José antes de que se convirtiera en primer ministro del mundo entero. Esta es la obra que tienes en tus manos; una vida que está siendo probada a través del don del discernimiento. Este don nos librará de la muerte al someternos al Espíritu Santo. April Stutzman tiene esta tarea como libertadora profética para ayudar a liberar a las personas de Dios de las ataduras demoníacas. Este libro te ayudará a entender las trampas y los principios a medida que se desarrolla el don del discernimiento mediante el uso. Este libro iluminará y validará tu caminar en el Espíritu a medida que el don de discernimiento aumenta en la gloria.

Apóstol Clinton C. Baker Cofundador de Valiant
Ministries International, Inc.

Recomiendo altamente el nuevo libro de April, *Las crónicas de una discernidora*. April es una discernidora extraordinaria y usa sabiduría extravagante para discernir. Los consejos que April comparte en este libro son una bendición para todos los que lo lean. Enseña a todo discernidor de cualquier nivel a estirarse y crecer. Te lleva a un nivel superior de discernimiento de espíritus en los días en que vivimos.

Ministerios Joanna Beck

LAS CRÓNICAS

DE UNA

DISCERNIDORA

ISBN: 978-1-954062-12-2
Library of Congress Control Number
2020915940
Audible: Audible, Amazon, e Itunes, otras plataformas
Diseño de cubierta por Amazing_design5 with Fiverr
Fotos: shutterstock, canva, unsplash, y pixabay

Traducción: Carol Martínez

LAS CRÓNICAS DE UNA DISCERNIDORA

Cómo desarrollar músculo espiritual en el discernimiento

April Stutzman

Dedicatoria

Dedico este libro al **Espíritu Santo**. Él es una persona y yo lo honro. Yo no estaría donde estoy hoy si Él no hubiera cooperado con lo que el Padre quería para mí, y si no hubiera sanado sobrenaturalmente las heridas de mi alma. Te debo mi vida, Espíritu Santo, y te digo ¡gracias! Tú Eres el amante de mi alma.

A mi esposo, **Richard**, quien es el amor de mi vida y ha creído en mí y me ha apoyado desde el primer día. Estoy tan agradecida por tu apoyo diario, y por poder moverme con el Espíritu Santo mientras me animas. Eres mi mejor amigo. Gracias, Jesús, por unirnos. Uno de los mejores días de mi vida fue cuando me casé contigo.

A **mis hijos,** a quienes amo con todo mi corazón. Mientras miro hacia atrás y veo al Señor restaurar los años que el enemigo nos ha robado, ¡que mi techo sea su suelo!

Contenido

Prólogo

April Stutzman es una voz sólida y poderosa con una enseñanza oportuna para el Cuerpo de Cristo.

La encomienda de un ministro de los cinco dones ministeriales de Efesios 4:11 es capacitar al cuerpo de Cristo—para el ministerio, la edificación y la unidad de la fe (Efesios 4). *Las crónicas de una discernidora* fueron escritas por una ungida capacitadora y discernidora ¡para un tiempo como este! El discernimiento es un don fundamental que la Iglesia no puede permitirse pasar por alto. No desestimes la importancia del libro que tienes en tus manos, ni el don que imparte.

En el libro de Malaquías leemos, "Entonces volverán a distinguir entre el justo y el impío, entre el que sir*ve a Dios y el que no le sirve"*. (Malaquías 3:18 NBLA)

Si no puedes discernir, ¿cómo sabrás? Y si no sabes, ¿cómo evitarás ser engañado? El don de Discernimiento de Espíritus es de máxima importancia.

Mateo 24 dice: " Porque se levantarán falsos Cristos y falsos profetas, y mostrarán grandes señales y prodigios, para así

13

engañar, de ser posible, aun a los escogidos. Vean que se lo he dicho de antemano". (Mateo 24:24-25 NBLA)

April es una líder de la próxima generación cuya enseñanza tiene una cola; como la de un poderoso caballo que corre velozmente, su cola meneando tan elegantemente de un lado a otro, que apenas te das cuenta de que golpea cada objetivo con precisión mientras menea a la izquierda y a la derecha. El ministerio de April se enfoca en capacitar al cuerpo de Cristo para que corra la carrera de los últimos días con perseverancia, bien equipado y avanzando en unidad como el ejército de Jesucristo. Criando guerreros bien alimentados que han comido la carne de la Palabra y memorizado las estrategias de batalla.

Mientras lees *Las crónicas de una discernidora*, o estudias con April Stutzman en cualquiera de sus clases, tendrás tus sentidos capacitados en el discernimiento, tal como la Palabra de Dios anima a hacer a todo creyente. Ella no se detiene de decir lo que hay que decir, ni anda con rodeos: lo expone a lo derecho y anima a cada creyente a subir más alto.

April escribe: "Espero ayudarte a reconocer tu don y cómo asociarte con Dios en él. Quiero que sepas que no estás loco cuando ves o intuyes lo que otros no ven". Es refrescante leer un libro que no solo es instructivo y empoderador, sino también transparente y fácil de leer. *Las crónicas de una discernidora* está repleta de oraciones e impartición, así como de pasos claros para navegar por este poderoso don.

Es para mí un gran placer recomendar *Las crónicas de una discernidora*, de April Stutzman.

" A alguien más le da la capacidad de discernir si un mensaje es del Espíritu de Dios o de otro espíritu." (1 Cor. 12:10 NTV)

Pastora Jodi Ahrens-Ferguson

Cofundadora de Warriors Heart Ministry

YouTube: Signs Following with JC

Introducción

Así que soy un discernidor, ¿y ahora qué? Tal vez ésa fue tu pregunta al tomar este libro. Tal vez seas más maduro en el discernimiento y te sorprende que alguien haya escrito acerca de ello, pero lo estás leyendo por curiosidad. En cualquier caso, ¡el Espíritu Santo va a salir a tu encuentro allí donde estés! El Espíritu Santo tiene algo asombroso reservado para ti, para ayudarte a navegar este don. Siento Su corazón en ello. Muchos discernidores han tenido el don desde que nacieron, pero han estado inseguros de lo que tienen. Han sido malinterpretados, aislados y rechazados. Así que, antes de que desempaquemos lo que el Espíritu Santo desea decirte sobre este don, deja a un lado tus preguntas y pronuncia en voz alta esta oración:

"Espíritu Santo, dame una revelación fresca sobre el discernimiento, y la gracia y el amor para llevarlo a cabo. Ayúdame a asociarme contigo en amor y humildad. Cuando discierna algo y no sepa qué hacer, ayúdame a recibir tu sabio consejo y a apoyarme en tu entendimiento. También te pido, Espíritu Santo, que traigas a mi vida a otros discernidores que tengan tu corazón".

Ahora, prepárate para ver cómo el Espíritu Santo camina contigo y te enseña a navegar este don de una forma totalmente nueva. Empezaremos a descifrar qué es el discernimiento, sus trampas y cómo manejarlo con pureza y fortaleza.

No pretendo deshonrar este asombroso don de Dios, pero tengo que decir que me ha llevado por la escuela de los golpes duros. Creo que todos los portadores de este don quieren desistir en algún momento. En diferentes etapas han querido abandonarlo y marcharse. Incluso ahora, hay días en los que tengo esos pensamientos. Es justo la razón por la que escribí este libro. Quiero compartir parte del proceso que se requiere para caminar en este don y espero animarte y acompañarte conforme creces. Te amo por ser tan valiente como para leer este libro. Demuestra tu deseo de desarrollar más tu don. Ese deseo es el peldaño hacia tu nivel superior porque el Espíritu Santo te lo impartirá a medida que leas.

Tengo que hacer hincapié en que el discernimiento es un don del Espíritu Santo. No es un don del ocultismo, en el que la gente sigue sus agendas carnales para hacer daño, o para cumplir deseos egoístas y hechiceros. El ocultismo solo puede falsificar el diseño original de Dios de utilizar nuestros sentidos para entender el mundo espiritual. Y el diseño de Dios es siempre a través de la lente de Jesucristo y del Espíritu Santo, que no solo son sobrenaturales, sino que también tienen el corazón del Padre. Si previamente has incursionado en el ocultismo porque estabas muy hambriento de lo sobrenatural, arrepiéntete ahora. Di en voz alta: *Jesús, me arrepiento de haberme metido en* _____.

Por favor, perdóname. Libérame, Espíritu Santo, y muéstrame lo que tienes para mi vida. Si oraste esa oración, cuenta con ser liberado por el Señor, pues Él es mucho más poderoso y creativo que cualquier falsificación.

La intención de Dios ha sido que lo sobrenatural opere desde Su reino de gloria y que se lleve a cabo en amor. Cualquier cosa que se lleve a cabo aparte de Dios, Jesús y el Espíritu Santo, es una falsificación.

Si esto es nuevo para ti y nunca has pedido a Jesucristo que entre en tu corazón, puedes orar la siguiente oración en voz alta: *Jesús, creo que moriste en la cruz por mis pecados (errar el blanco de tu alto llamamiento en mi vida). Por favor, ven a mi corazón. Me arrepiento de todas las cosas que he hecho y te invito a que entres en mi corazón para hacerme un/a hombre/mujer nuevo/a. Espíritu Santo, revélate a mí y lléname con tu presencia. Tu palabra dice que si busco primero el reino de Dios, todo lo que necesito me será añadido* (Mateo 6:33 NBLA).

Esta es la verdadera libertad de la nueva vida en Él. Ahora que hemos establecido el fundamento de quién nos da este don, adentrémonos en lo que significa llevarlo a la práctica.

¿Qué es el discernimiento de espíritus?

¿Qué es el discernimiento de espíritus y dónde aparece en la Biblia? El discernimiento se menciona muchas veces, pero nos vamos a enfocar en donde se habla de él como un don otorgado por el Espíritu Santo. Subráyalo en tu Biblia. 1 Corintios 12:1-10 enumera una serie de dones espirituales, incluyendo el "discernimiento de espíritus". ¿Quizá has leído ese versículo muchas veces pero has pasado por alto esa línea específica? ¿Quizá te has saltado todo el versículo porque no tenías ni idea de lo que significaba? Sé honesto, ¡aquí no se juzga a nadie! Hubo un tiempo en que yo no entendía su significado, y mucho menos que lo pondría en práctica en mi propia vida. Hay más escrituras sobre este tema a lo largo del libro pero, para el beneficio de los que no lo conocen, sumerjámonos en los aspectos básicos de este don.

El diccionario Wikipedia describe el discernimiento como: 'La capacidad de obtener percepciones agudas o de juzgar bien.[1] Se considera que una persona con discernimiento posee sabiduría y buen juicio, especialmente por lo que respecta a un tema que a menudo otros pasan por alto'. Si hasta un diccionario secular define así el discernimiento, ¿no crees que es algo deseable? Me encanta cómo describe Jennifer Eivaz este don, porque es tan cierto: 'Este don es un proceso sensorial antes que intelectual'. En una cultura de pensamiento griego que eleva la lógica y la razón por encima de las emociones y lo espiritual, hemos cerrado inadvertidamente el mecanismo interno por el cual fluye este don.[2] Esto demuestra por qué muchos en el cuerpo de Cristo no han entendido ni valorado este don.

¿Por qué se descuida y respalda menos este don que otros? Creo que se debe a que la doctrina de la cesación ha creado un temor a lo sobrenatural. Un elemento central del cesacionismo es la creencia de que los dones espirituales, como hablar en lenguas, la profecía y la sanidad, cesaron al final de la era apostólica. El cesacionismo es lo contrario del continuismo, que enseña que el Espíritu Santo sigue concediendo dones espirituales a las personas en cada era.

Los sentidos que Dios mismo te dio no son solo para relacionarte con los seres humanos, ¡sino también para comunicarte con Él! Me encanta que Papá me hable de la forma que Él elija, ya sea por medio de la Biblia, un sentido interno de Su voz, un sueño, un trance, una visión o discernimiento. Todas esas formas de comunicación se encuentran en la Biblia. Dios no está limitado en las formas en que nos habla.

Permite que Su gloria te inunde ahora mismo mientras lees estas palabras. Simplemente di: *'Señor, me arrepiento de todas las veces que solo he usado mis sentidos para tener una mente terrenal. Ahora mismo, te dedico todos mis sentidos, Espíritu Santo. Te entrego mi vista, oído, olfato, tacto y gusto naturales. Por favor, activa mis sentidos espirituales en cada uno de ellos. Gracias, Jesús"*.

Te animo a que observes lo que ocurre esta semana mientras abres tus sentidos para permitir que Dios se comunique contigo a través de ellos. Haz todas esas cosas que edifican tu relación con el Señor —ayunar, sumergirte en Su presencia, orar, adorar—, pero permite que Él expanda y active tus sentidos mientras lo haces. Permite que el Espíritu Santo te imparta el don de discernimiento de espí- ritus y te enseñe a colaborar con él. Como con cualquier don, tendrás que administrarlo bien. Al principio, puede que intentes entender mentalmente lo que ocurre sin apoyarte en el Espíritu Santo. Esto te resultará frustrante. Permíteme dejarlo claro: nada debe sustituir al Espíritu Santo en el uso de este don. A medida que te apoyes en el Espíritu Santo, serás cada vez más sensible a lo que Él te está mostrando.

Otra cosa que hay que tener en cuenta es que, al igual que con cualquier otro don, existen diferentes medidas.

Del mismo modo que un ministro de sanidad puede tener una gracia particular para una condición específica, un discernidor puede tener más gracia y discernimiento en áreas específicas que otros. Lo importante es que no te compares con otros. Dios te hizo único por una razón. Alégrate de ello. Esta es tu travesía, no la de nadie más, y tú respondes solo a Dios.

Camina con alegría en Dios y confía en Su capacidad más que temer la capacidad del diablo para engañarte. Algunos de ustedes se sorprenderán al darse cuenta de la frecuencia con la que han estado oyendo a Dios. Puede que hayas estado operando con este don toda tu vida y te preocupaba que estuvieras perdiendo la razón. Algunas personas han sido juzgadas erróneamente y tachadas de inestables o "raras" porque nadie se puso a su lado para animarlas y enseñarles a administrar este don. Me emociona tanto ver que se están escribiendo más libros sobre este tema para el cuerpo de Cristo. Nunca han sido tan necesarios como en estos tiempos. No pretendo conocer todo lo que hay que conocer sobre este tema, porque Dios siempre está revelando, pero espero animarte al compartir mi travesía. Espero ayudarte a reconocer tu don y a colaborar con Dios en él. Quiero que sepas que ¡no estás loco cuando ves o sientes lo que otros no ven!

También quiero que sepas que no estás solo. Si uno no cuenta con respaldo maduro, puede ser muy pesado cargar con lo que ves. Creo que los discernidores se benefician de estar en comunidad con otros discernidores, ya sea por Internet o como parte de un pequeño grupo local. Haz lo que sea necesario para conectarte con otros discernidores. Veo salir de la nada a una raza de personas, por así decirlo, que caminarán alto en el don del discernimiento de espíritus, porque Dios está levantando un ejército de libertadores.

Todos tenemos una intuición natural —esa corazonada escondida—, pero el discernimiento de espíritus está a otro nivel. Cada persona tiene un don de discernimiento distinto. Desarrollamos nuestros propios patrones individuales de su "lenguaje", por lo tanto, recibimos significados a través de nuestros diversos sentidos. Cada persona está diseñada de forma única en cuanto a la manera en que su espíritu se comunica con su cuerpo. Yo lo llamo una señal o lenguaje de discernimiento de los espíritus. Hay ciertas señales que mi cuerpo me da, dependiendo de lo que esté discerniendo. Permíteme animarte: aprenderás a leer tus propias señales.

Puede que te preguntes cómo funciona esto. Tomemos tus sentidos naturales y apliquémoslos al mundo espiritual. Quizá *veas* ángeles, *oigas* demonios, *huelas* principados, *abraces* a una persona para discernir su corazón y *pruebes* la miel de la revelación de Dios. Como dice James Goll, simplemente sabemos algunas cosas en nuestro "sabedor". Sabes que algo es cierto, y tu estómago es testigo que confirma esa verdad. Se podría decir que este don te hace vivir en Hebreos 5:14: *"Pero el alimento sólido es para los que han alcanzado madurez, para los que por el uso tienen los sentidos ejercitados en el discernimiento del bien y del mal"* (RVR1960). El discernimiento es alimento sólido. No es para los bebés ni para los débiles de corazón. Dios confía en que dedicarás tiempo a entrenar tus sentidos y a madurar en este don.

"Declaro sobre ti, ahora mismo, un aceite fresco que te cubra, liberando el discernimiento. Señor, para aquellos que ya caminan en este don, declaro aumento y una gracia fresca sobre ellos, en el nombre de Jesús".

El mundo no valora las cosas espirituales, solo las carnales, por lo tanto no ven más allá de los afanes naturales de este mundo. Debe ser nuestra prioridad ver lo que el cielo está haciendo y asociarnos intencionalmente con el Espíritu Santo para que podamos entrar en una habitación y distinguir qué espíritus están allí. ¿Cómo podemos ocuparnos de los asuntos de nuestro Padre si no hemos capacitado nuestros sentidos espirituales para saber lo que Él está haciendo?

En este momento, puede que estés diciendo: "Estoy al principio de este proceso de aprendizaje y ¡me estoy sintiendo abrumado!". Precisamente por eso estoy compartiendo algunas de mis experiencias en el proceso de crecimiento. Recuerda que yo también sigo creciendo. Este don aumenta en mí cada día y alcanza nuevos niveles, por lo que continuamente tengo que depender de mi fiel amigo, el Espíritu Santo. La Biblia dice: *"Mas el Consolador, el Espíritu Santo, a quien el Padre enviará en mi nombre, él os enseñará todas las cosas y os recordará todo lo que yo os he dicho"* (Juan 14:26 RVR1960). Él te *enseña* todas las cosas. Esto incluye cómo poner en práctica tu don de distinguir, o discernir, los espíritus (abreviado a partir de ahora DDE, por conveniencia). El Espíritu Santo quiere que entiendas cómo fluye este don para poder ayudarte a cumplir la voluntad del Padre en la tierra.

El Espíritu Santo quiere que declare tal precisión a tu DDE ahora mismo. *"Papá, en este tiempo, decreto y declaro a los que leen esto, que la precisión está sucediendo en su don. ¡Su discernimiento será tan agudo como una cuchilla! Eliminamos, ahora mismo, toda asignación de error o mezcla que contamine el don en el nombre de Jesús. El viento del Espíritu Santo está presente contigo para moverte hacia lo nuevo y ayudarte a soltar cualquier estancamiento de la última temporada. Percibo en algunas personas que la decepción que han sentido en el pasado ha obstaculizado su don. Ordeno que se vaya toda decepción, que se vaya toda pesadumbre ahora, en el nombre de Jesús. Que se vaya toda pena y todo dolor. Libero la alegría del Señor y te pido, Papá Dios, que les envíes a los ángeles ministradores".*

Quizá seas uno de los que han experimentado cómo el enemigo usa tu don en tu contra. Te han etiquetado falsamente como bipolar, o algo parecido, porque has visto y oído cosas que la mayoría de las personas no ven ni oyen. No estoy diciendo que nunca haya un desequilibrio químico bipolar que necesite ser sanado, pero sí digo que algunas personas altamente dotadas han sido etiquetadas en lugar de respaldadas. No han recibido ayuda para navegar por el mundo espiritual de forma saludable. El Espíritu Santo me mostró que muchas de las personas que necesitan que les quiten las etiquetas leerán este libro. ¡Te quito las etiquetas falsas! Ahora mismo, haz algo físico para demostrar que quitas esa etiqueta de tu mente. Hazlo como un acto profético. Di: *"Me he liberado de cualquier etiqueta falsa. Soy hijo del Dios Altísimo, y Dios me ama y me valora".* En el nombre de Jesús, estoy de acuerdo contigo, y rompo toda asignación de malentendidos, y declaro la sanidad sobre tu corazón, ahora mismo. Aleluya, ¡Dios es un Dios de restauración!

En el próximo capítulo, trataremos algunas cosas por las que puedes pasar al practicar este don.

Auxilio, ¿qué es lo que siento?

¿Cuántas veces te has hecho esa pregunta: "¿Qué es lo que siento"? ¡Pues bienvenido al DDE! Creo que todos los principiantes se hacen esta pregunta muchas veces en el proceso de aprender a capacitar sus sentidos. Sé que yo lo hice. No te sientas solo. No estás loco; solo eres portador de un don.

Veo que ahora mismo el Espíritu Santo está despertando memorias en alguien que era consciente de este don cuando era niño. El enemigo intentó apagarlo. Intentó hacerte creer que estabas loco. Rompo ese temor de ti, ahora mismo, en el nombre de Jesús. Mientras lees esto, te están viniendo recuerdos de ocasiones en las que discerniste correctamente. El Espíritu Santo te está animando y validando. No apagues el don; solo aprende a aprovecharlo.

Permíteme darte algunos ejemplos de cómo funciona esto para empezar. En primer lugar, existen diferentes categorías de DDE. Puedes distinguir entre espíritus humanos, espíritus angélicos, demonios y el Espíritu Santo. Aquí es donde necesitas navegar muy de cerca con el Espíritu Santo, porque hay una curva de aprendizaje igual que la hay al andar en bicicleta. Quieres estar equilibrado para tener una perspectiva sana en cada situación.

Yo decreto y declaro sobre ti que navegarás con el Espíritu Santo para distinguir sanamente en cada categoría. No distinguirás solo uno u otro, sino que distinguirás todos. Es como una dieta sana. Se necesita un poco de carne, un poco de papas, verduras, grasas, y así sucesivamente. Lamentablemente, en mi caso, al principio de recibir este don, distinguía más los espíritus humanos y los demoníacos debido a todos los traumas por los que había pasado. Puedes leer acerca de ello en mi primer libro, *Gateway to My Miracle (La puerta a mi milagro)*.[1]

Permíteme describir una situación que quizá hayas vivido:

Estás sentado en un cine, por ejemplo, con tu familia, y viendo una película. De repente, no dejas de oír pensamientos que surgen de la nada en tu cabeza: *"¿Por qué este chico no me ama? Pues, nadie me ha amado jamás. ¿Por qué lo intento siquiera, por qué acepté salir con él?"*. Estos pensamientos hablan en voz alta en tu cabeza, y no puedes entender por qué los estás pensando. Te sacudes la cabeza y esperas que nadie te haya visto descontrolarte acerca de ello. Recuperas la compostura, miras a tu familia, esperando que no hayan notado nada raro, y vuelves a enfocarte en la película y en el guion. Entonces, de repente, empiezas a oír de nuevo esos pensamientos. *"Ojalá alguien me quisiera y me tratara bien. ¿Por qué siempre salgo con inútiles? ¿Por qué no puedo encontrar un hombre decente?"*. Una vez más, estás desconcertada, confundida. Sabes que estás felizmente casada, viendo una película con tu marido y tus hijos; ¡estos pensamientos no deberían estar ocurriendo! El enemigo de tu alma te está diciendo que estás loca, y piensas: *"No voy a contárselo a nadie porque pensarán que estoy loca. Mi marido me diría que no he dormido lo suficiente o algo así. No tengo lenguaje para explicar lo que acaba de ocurrir, y mucho menos para entenderlo"*. Por lo tanto, intentas silenciarlo, ignorarlo y convencerte de que estás bien. Eventualmente, la película termina y sales del cine, aliviada de que los pensamientos hayan desaparecido.

¡Bienvenidos al don de distinguir espíritus! En aquella sala de cine, estabas captando los pensamientos de otra persona. Estabas distinguiendo un espíritu humano. Permíteme darte un ejemplo de las Escrituras. En Lucas 5:22 NBLA, leemos: *"Conociendo Jesús sus pensamientos, les respondió: '¿Por qué razonan en sus corazones?'"*

Distinguir los pensamientos de un espíritu humano forma parte del don. Estabas captando el pensamiento de otra persona en el cine, pero eras incapaz de distinguir entre esos pensamientos y los tuyos propios. Los pensamientos de la otra persona eran tan fuertes para ti que te abrumaban. La clave de esta parte del don es conocerte a ti mismo. Si

31

los pensamientos que oyes no son cosas que te dirías a ti mismo, probablemente pertenezcan a otra persona de la sala. Aquí es donde empiezas a navegar por este don, y preguntas: "Espíritu Santo, ¿por qué estoy oyendo los pensamientos de esa persona?". Te lo ha mostrado por una razón, y si se ha tomado el tiempo de mostrártelo, es que es importante para Él. Puede que te indique que ores para que esa persona se libere de pensamientos de rechazo y para que encuentre la pareja adecuada. O puede que te diga que ores para que llegue a la fe en Jesús y encuentre el amor verdadero que busca y que solo puede hallar en Él.

Esta es la clave para navegar por esta parte del don: depende de Dios, no de tu razonamiento humano. A veces los pensamientos son tan fuertes que puedes sentir que invaden tu espacio. A medida que crezcas en esto, te prometo que llegará a ser más fácil. Como dice Jennifer Eivaz: "Con el tiempo desarrollas más músculo".[2] No digo ninguna de estas cosas a la ligera. Estoy convencida de que este don requiere agallas y resistencia, y la madurez necesaria para depender de la ayuda del Espíritu Santo.

Mi experiencia de madurar en este don ha sido una verdadera montaña rusa. Me encantaría decir que todo ha sido color de rosa, pero mentiría. La verdad es que ha sido un proceso. He crecido en este don solo por la gracia del Espíritu Santo, buenos mentores, imparticiones y las veces que mi marido, quien es más estructurado, me ha mantenido equilibrada. Me mantuvo con los pies en la tierra en aquellos momentos en que mis emociones se volvían intensas y sentía las cosas tan profundamente. En cuanto nos casamos, este don aumentó enormemente, ¡y no estoy segura de que él estuviera preparado para ello! Pero Dios fue fiel y, desde el principio, mi marido siempre ha dependido de Cristo para sostenerme.

Ocurrirían cosas locas y descabelladas una y otra vez. Viene con el don, forma parte de su manto. Eres una gran amenaza para el enemigo, por lo tanto Él odia este don. Tiene miedo de lo que llevas dentro, por lo tanto te lanzará todo tipo de cosas insensatas. He tenido clarividentes que se aparecían en mi habitación. Una bruja se manifestaba y trataba de darme una poción. Tuve que aprender a discernir quiénes y qué eran esas manifestaciones y a cerrarles el paso. Por eso es tan importante que mantengas tus ojos en Jesús, para que no te agotes luchando contra estos ataques.

El Salmo 91 dice que nos escondemos a la sombra de Sus alas. A veces, después de superar una gran batalla con este don, es el momento de esconderse en la presencia de Dios y empaparse de Él, lo cual significa que lo adoras hasta que te encuentras al abrigo de Su gloria. Recuerda Isaías 54:17: "Ningún arma forjada contra ti prosperará...". (RVR1960) Ningún arma significa ningún arma. Créeme, con este don, se formarán muchas armas, pero ninguna prosperará. Con este don desenmascararás al enemigo y te convertirás en un estratega. Puedes ver lo que está oculto, y eso te convierte en un adversario poco común. Donde podemos ver y derribar, es donde queremos estar. Que el Señor Jesucristo nos entrene para tomar la ofensiva y no responder a los golpes bajos que procura lanzar el enemigo. A veces tuve momentos de grandes batallas hasta que el radar del discernimiento daba

33

en el blanco. El Espíritu Santo resaltaba el verdadero problema, y yo oraba la Palabra y me mantenía firme. En cuanto el Espíritu Santo revelaba la fuente del ataque, llegaba la victoria. Me encanta eso acerca del Espíritu Santo. Te hace vencedor en todo gracias a Jesucristo.

La montaña rusa del aprendizaje te lleva por muchos altibajos. En un día concreto, puede que estés practicando el discernimiento entre el bien y el mal —como dice la Palabra en Hebreos 5:14— y te des cuenta de que no puedes decidir *qué* estás sintiendo. No es problema, simplemente respira profundo y confía en Dios para que te guíe a través de ello. A veces puede resultar abrumador el mero hecho de caminar por una calle llena de gente, porque ves y sientes tantas emociones de las personas que te rodean.

He aquí un escenario típico: aceptas una invitación para asistir a una fiesta, y esperas pasar un rato feliz relajándote con tus amigos. Estás bien durante los primeros 15 minutos. Consigues un plato de comida y te sientas a comer, y de repente tienes un sentimiento de pavor. Empiezas a oír en tu cabeza: *'Vaya, esa mujer es tan hermosa, ojalá pudiera desvestirla'*. Te asustas; Dios mío, ¿en qué estoy pensando? Te calmas y te recuerdas a ti mismo que no estás loco, pero entonces oyes: *'Me pregunto de qué color será su ropa interior'*. De repente, te das cuenta: Soy una mujer. No pienso así ni actúo así. ¿De dónde viene esto? El Espíritu Santo llama entonces tu atención sobre el hombre del otro lado de la habitación, quien tiene un demonio de perversión. Dos espíritus a los que las personas con DDE son realmente sensibles son la perversión y la hechicería. Realmente procuran agotarte.

Ahora todo tiene sentido. Estabas discerniendo cómo estaba usando ese demonio al hombre ¿Y si esto ocurriera, pero el Espíritu Santo no te dijera nada al respecto? Tendrías que dejar de pensar en ello. En ese momento, es importante que te recuerdes a ti mismo que el don de discernimiento es normal. Conoce tu propia norma o línea de base. Cosas que no dirías ni harías. A medida que el don crecía en mí, podía distinguir a cualquiera en la habitación que tuviera perversión, porque lo sentía con mucha fuerza. Pero aunque el Espíritu Santo me lo había mostrado, yo tenía que proceder con amor. Tenía que escuchar al Espíritu Santo para saber si debía orar por la persona y declarar su libertad o simplemente tomarlo como una advertencia para estar alerta. En cualquier caso, tenía que amar y usar la sabiduría. Todos los dones de Dios son para la redención. No te dan derecho a juzgar nada acerca de esa persona. Tienes que mantener un corazón puro con este don. Puedes volverte muy rápidamente cínico y duro, a menos que pidas diariamente al Padre que te ayude a saber qué hacer con lo que disciernes.

¿Qué si ese mismo hombre fuera un pervertido poque había sido violado de niño? ¿Le seguirías juzgando? Se nos llama a amar independientemente de lo que discernamos. Aunque ese hombre tuviera un espíritu pervertido porque se estaba acostando con diferentes mujeres, no nos corresponde juzgarlo. Quizá se te mostró ese espíritu pervertido para que pudieras arrepentirte por el hombre y así el Espíritu Santo pudiera tratar con su corazón. En cualquier caso, encárgate de que tu corazón esté bien ante el Señor, porque tu sensibilidad a este espíritu hará que te encuentres con él a menudo.

Hablemos de otro espíritu que puede que te cueste entender al principio. Estoy inventando algunos de los casos para proteger a las personas, pero estas cosas ocurren. Por ejemplo, estás sentado en la iglesia y alguien ocupa el asiento inmediatamente enfrente del tuyo. De repente, tu sistema nervioso explota a un nivel diez. Te sientes muy irritado, enfadado o frustrado. Oras para que esa persona se cambie de asiento. Procuras controlarte, pero es abru- mador. Ahora empiezas a toser (¿recuerdas que las señales corporales de cada persona son diferentes?). Bienvenido al discernimiento de la hechicería. Las personas con el don del DDE suelen olerlo a kilómetros de distancia. Serás sensible a cualquier persona que necesite ser liberada de un espíritu controlador, de un espíritu de Jezabel o del ocultismo. Este don se da especialmente con el propósito de conseguir que las personas reciban liberación, pero tienes que preguntar al Espíritu Santo por qué te ha permitido percibir esa cosa y cuál es *tu* asignación en ella.

Algunos días será fácil discernir correctamente y otros tus sentidos puede que se sobrecarguen. Mantente humilde y pide ayuda a tu comunidad de apoyo o a tu mentor, o llama a un amigo de confianza que pueda orar por ti hasta que des- cubras por qué se ha disparado tu radar de discernimiento. A medida que madures, los días en que te sientas sobrecargado disminuirán. En el proceso, capacítate y usa estrategias de sabiduría como las que he descrito. Estudia el tema, crece y observa cómo el Espíritu Santo te da tus propias señales.

¿Qué quiero decir con "señales"? Te pondré un ejemplo: cuando me duele el cuello en un punto determinado, sé que

36

me indica algo en particular. Si me suena el oído sé que significa otra cosa. Cuando siento una determinada sensación en el brazo derecho sé que el Espíritu Santo me está señalando un asunto específico. Cuando empiezo a toser mucho, el Espíritu Santo me está mostrando otro asunto. Hay una lista extensa de cómo el Espíritu Santo me dio diferentes señales de discernimiento y me llevó tiempo desarrollar mi comprensión de lo que significaba cada una de ellas. ¡No te desanimes si se te duerme el pie izquierdo cerca de ciertas personas! Pregunta al Espíritu Santo qué quiere comunicarte a través de tus sentidos (Hebreos 5:14). Te sugiero que lleves un diario para anotar las distintas cosas que te ocurren, para que puedas captar diferentes patrones. Es como descifrar un lenguaje secreto, íntimo y único entre tú y el Espíritu Santo. Él te enseña cada vez que eres lo suficientemente valiente como para emprender esta travesía con él y discernir ese nuevo espíritu. Te está capacitando para los propósitos del reino. Emociónate, Él te está confiando un don asombroso.

Recuerda que todo don del Espíritu Santo es usado para el amor y la redención. El amor debe fluir de este don para que el reino pueda avanzar. Las personas pueden ser liberadas; las vidas pueden ser tocadas, y tú puedes trabajar con el Espíritu Santo con la agenda del cielo en mente. Muchas veces, puede que veas algo que no quieres ver, y es difícil cargar con eso. Por ejemplo, te emociona reencontrarte con una amiga a la que no has visto en años. Te sugiere tu restaurante favorito, así que te encuentras con ella allí. Te sientes tan bendecida de poder disfrutar tiempo juntos después de tanto tiempo.

Empiezan ambas a compartir lo mucho que ha hecho el Señor y celebran Su bondad. De repente, ves los motivos de su corazón y sabes que está engañando a su marido e incluso está pensando en el otro hombre en este mismo momento. ¡Ay! No es lo que querías ver. Ahora tienes que preguntar al Espíritu Santo si debes orar por ella o confrontarla acerca de ello. Ésas son las situaciones para las cuales nadie te prepara. Tienes que aprender a navegar con el Espíritu Santo. Incluso las situaciones cotidianas adquieren un aspecto diferente porque estás discerniendo las cosas ocultas del mundo espiritual. Empiezas a darte cuenta de que tu sensibilidad a ciertas vistas, sonidos, olores o ambientes, es tu forma de discernir cuestiones del mundo espiritual. Es importante no confundir la mera sospecha con el discernimiento.

Encuentro que la experiencia personal es a menudo la mejor manera de enseñar sobre este don, así que este es otro ejemplo que espero que sea útil. Te han invitado a cenar a casa de un matrimonio. Mientras estás sentado a la mesa, percibes en tu cuerpo mucha tensión y sientes que discordia corre por tus venas. Eres consciente de que es un ambiente tenso. Empiezas a orar en tu corazón, pidiendo al Señor que desate Su presencia en ese hogar. Al cabo de unos minutos ya no sientes esa tensión y te relajas. Más tarde, en el transcurso de la conversación, descubres que una vecina visitó ese hogar dos días antes y trajo consigo un espíritu de contienda que se quedó. Desde entonces, ese espíritu los ha estado atacando. Sí, eso puede ocurrir, pero solo puedes cambiar las cosas si disciernes el espíritu del problema.

Verás lo que otros no ven aunque lo tengan delante de

sus narices, pero es tan importante que no te enorgulleces de este don. Las personas con el don de DDE harán bien en tener a su alrededor a otros con este don. Solo Dios lo ve y lo oye todo. Podría haber algo delante de nuestras narices que pasamos por alto, porque no era nuestra tarea y por lo tanto el Espíritu Santo no nos dio las señales. A veces nuestra carne realmente no quiere verlo, e ignoramos las señales en nuestra mente porque realmente nos agrada la persona que tenemos delante y no queremos saber nada negativo acerca de ella. Le ocurre a los mejores Discernidores. Además, prepárate para dar las gracias a la persona que te revele algo para tu propia protección, o la de tu ministerio, que podrías haber pasado por alto.

Quizá estés preguntando: "¿Cómo llegaré a aprender a manejar este don?". Establece en tu corazón de una vez por todas que solo podrás manejar este don con el poder del Espíritu Santo. La palabra dice: "Todo lo puedo en Cristo que me fortalece" (Fil. 4:13 RVR1960). Aprende a manejar el don no apagándolo o desactivándolo, sino nave- gando por todas las cosas con Él. Algunos de los momentos más frustrantes para mí y para otras personas con el DDE que conozco, es cuando hemos discernido algo realmente pesado, pero no podemos descifrar la fuente. Sé paciente contigo mismo. Permanece en paz. Tranquilízate, la paz como un río te ayudará a fluir independientemente de lo que disciernas o de lo que ocurra a tu alrededor. Cristo habla a tu corazón para decirte: "No te sucederá ningún mal... Pues Él dará órdenes a Sus ángeles acerca de ti" (Salmos 91: 10,11) NBLA. Sus promesas son verdaderas, y podemos llevarlas al banco, como dice el refrán.

Independientemente de la etapa en la que te encuentres con tu don de DDE —principiante, intermedio o caminando muy avanzado en él—, confía más en el Espíritu Santo. Recuerda que no hay una fórmula con este don; verdaderamente tienes que mantenerte en intimidad con el Espíritu Santo, cultivando una relación sana con Él. Creo que, llegados a este punto, que es tan importante repetir que cada persona con el DDE es singular en cuanto a su don. Puede que tengas una gracia singular para la liberación con respecto a las líneas de sangre, o una gracia única para la liberación de tierras. La lista es interminable.

Gratuitamente he recibido, gratuitamente doy. En el nombre de Jesucristo te imparto más del don de discernimiento de espíritus, y declaro la gracia sobre ti para que lo lleves bien. Gracias, Espíritu Santo por impartir a cada persona que está leyendo este libro, para que se levante un ejército de tu pueblo que camine con integridad en el DDE.

Estoy emocionada por ti. Puedo sentir el corazón del Espíritu Santo por ti en este momento. Le encanta dar buenos dones. Prepárate para ver y sentir cosas que nunca antes habías sentido, y para tener alegría en el proceso, independientemente de lo larga que sea la curva de aprendizaje. Elige la Alegría. Madurarás a medida que practiques.

Practicar significa *ejercer o realizar repetidamente una actividad o habilidad, para mantener competencia en ella.* El Señor me mostró que es como andar en bicicleta. Lleva tiempo desarrollar la habilidad y el equilibrio, pero una vez que los desarrollas, se hace más fácil y —como andar en bicicleta— se hace más fluido con el tiempo. Eres afortunado si tienes un mentor en este don o un amigo que camina muy avanzado en él. Te aconsejarán con amor. Te ayudará buscar su perspectiva en cuanto a diferentes cosas a medida que crezcas. Puedes llamarlos y decirles: "Hoy he estado en tal sitio y he visto tal cosa", ya sea un ángel o un espíritu humano que hayas discernido. Comunícaselo a tu mentor. Te dirán "sí, eso es" o te colocarán en la dirección correcta y te animarán a seguir practicando.

Señor, oro por las personas que están leyendo estas palabras para que les des amistades estratégicas que les ayuden a crecer en este don y llamado, y para que su maduración se acelere para un momento como este en el reino. Decreto y declaro la aceleración con precisión, en el nombre de Jesús.

el discernimiento de ángeles

Creo que los ángeles se manifiestan de muchas maneras. A veces son discernibles por nuestros sentidos naturales, pero en otras ocasiones no somos conscientes de quiénes y qué son. La Biblia nos dice: *"No se olviden de mostrar hospitalidad, porque por ella algunos, sin saberlo, hospedaron ángeles" (Hebreos 13:2).* He empezado con esta parte del DDE porque, ¡era tan divertida para mí! Me encantaba porque me permitía cooperar con el cielo de forma muy eficaz. A menudo me preguntan en qué parte de la Biblia se menciona que las personas disciernen a los ángeles. Los textos bíblicos citados en el párrafo siguiente dejan claro que el discernimiento de los ángeles era una parte normal del caminar cristiano. La Biblia también deja claro, en 1

Corintios 12:1-10, que discernir esas visitas angélicas es un don de Dios.

¿Se discierne a los ángeles a través del DDE o del ojo natural? Teniendo en cuenta que vemos con los ojos de nuestro corazón, según Efesios 1:18, veamos algunos lugares en las Escrituras donde puede que esté operando el don del discernimiento. En Lucas 22:41-43, un ángel del Señor se apareció a Jesús y lo fortaleció. Jesús discernió que el ángel estaba allí y fue un gran beneficio para Él. En Lucas 1:26 -38, Gabriel se apareció a María y le dijo que iba a concebir y dar a luz al que sería enviado como Mesías. En Juan 20:11-13 María Magdalena vio a dos ángeles (quizá con sus ojos espirituales) sentados donde habían depositado el cuerpo de Jesús. En Lucas 1:11 un ángel del Señor se apareció a Zacarías en el templo, parado a la derecha del altar del incienso. Al verlo, Zacarías se llenó de temor. Al ver al ángel y oír que iba a tener un hijo que anunciaría al Mesías, puede decirse que Zacarías discernió y percibió. ¿Vio Zacarías con el espíritu o con el ojo natural? En este caso, la Biblia no lo dice.

Repito, si no necesitáramos el don de discernimiento, ¿por qué lo daría el Espíritu Santo? Si los ángeles se ven en el ámbito espiritual, ¿no necesitaríamos un don espiritual para verlos? Otro ejemplo de esto lo encontramos en los Hechos, cuando un ángel se apareció al evangelista Felipe y le ordenó que viajara a Gaza. *"Un ángel del Señor le dijo a Felipe: 'Levántate y ve hacia el sur, al camino que desciende de Jerusalén a Gaza'"* (Hechos 8:26 NBLA) . En Hechos 10:3 leemos: *"Como a la hora novena [Cornelio] vio claramente en una visión (no dice a simple vista, por lo tanto, ¿fue con el*

DDE?) *a un ángel de Dios que entraba a donde él estaba y le decía: 'Cornelio',* lo que significa que un ser angélico se le apareció a un centurión romano, diciéndole que buscara al apóstol Pedro. En Hechos 27:22-24, el ángel del Señor se apareció a Pablo para darle el mensaje de que nadie moriría en el barco en el que viajaba. Hay otros muchos relatos de ángeles en el Nuevo Testamento, y muchos en el Antiguo Testamento. Puedes estudiarlos tú mismo. Puedes consultar con el Espíritu Santo cuáles fueron vistos con ojos naturales y cuáles por DDE.

El discernimiento de ángeles no fue la primera parte del DDE que se me abrió, aunque ojalá lo hubiera sido. Normalmente, aunque no siempre, las personas con este don empiezan por discernir lo demoníaco. Esto ocurre porque suelen haber sufrido muchos ataques innecesarios en su vida debido al propio llamamiento y la naturaleza de este don. Solo quiero que seas consciente. Si estás operando en este don y quieres discernir más a los ángeles, pide ayuda al Espíritu Santo para que te ayude a ver más a los ángeles que a los demonios. Con la mayoría de las personas comienza con un equilibrio entre ambos, pero luego, a medida que madures, discernirás más fácilmente a los ángeles que a los demonios. Sin embargo, es cierto que algunos con este don son agraciados desde el primer día para discernir lo angélico. Por eso este libro se llama Una Crónica, porque uso mi propia historia para describir las diversas formas en que el DDE puede comenzar y luego fluir en nuestras vidas. Como he dicho respecto al don de sanidades o de milagros, o de liberación, cada uno tendrá su propia historia particular de cómo creció y maduró el don.

Siento el corazón del Espíritu Santo en este momento. Algunos de ustedes necesitan escuchar esto, así que tómense unos minutos para recibirlo del Espíritu Santo. Honro tu historia—y también la honra el Espíritu Santo—de tu travesía en el discernimiento de espíritus. Si tu transición a este don fue dura y difícil de manejar, que sepas que celebro contigo lo lejos que has llegado en él con el Espíritu Santo. Hoy es un nuevo día, y en el nombre de Jesús declaro una nueva gracia sobre ti para llevar este don.

Yo probablemente discernía ángeles desde que era pequeña, pero mi primer recuerdo claro de esto como adulta fue en un servicio de la iglesia, cuando tenía treinta y tantos años. Estaba de pie adorando al Señor, perdida en Él, cuando de repente vi ángeles volando sobre nuestras cabezas. No los vi con mis ojos naturales, sino mediante el don del discernimiento de espíritus. Me quedé estupefacta. Vi a unos cinco de ellos volando de un lado a otro, con propósito, desde la parte delantera de la iglesia hasta la parte trasera de la congregación. Miré a mi alrededor para ver si alguien más los miraba fijamente, viendo lo que yo veía. Esperaba que las personas estuvieran señalando lo que yo estaba viendo. Pero cuando me di cuenta de que nadie se daba cuenta de nada, pensé que me estaba volviendo loca. Me froté los ojos y seguían volando. Yo estaba consciente de la presencia del Espíritu Santo, por lo que no tenía miedo ni me preocupaba que lo que estaba viendo fuera malo en modo alguno, pero era algo nuevo para mí y no sabía lo que significaba ni lo que debía hacer con ello.

Me apoyé en mi amigo, el Espíritu Santo, el consejero y

maestro de todas las cosas. Cómo lo honro. Mi mente lógica sabía que esos ángeles estaban allí, y yo quería saber por qué. En ese momento, no tenía mucha revelación en el DDE. Estaba en una iglesia en la que solo se manifestaban algunos de los dones del Espíritu Santo. El don de discernimiento de espíritus y de liberación no se mencionaba ni se enseñaba en esta iglesia. No tenía ninguna base para lo que estaba viendo. Incluso mientras escribo esto me río de alegría por la bondad del Señor. Él da buenos dones incluso cuando nunca hemos oído hablar de ellos y no sabemos qué hacer con ellos.

Mientras seguía observando a aquellos ángeles que volaban de un lado a otro, el Espíritu Santo habló a mi corazón para decirme que los cielos estaban abiertos y que los ángeles estaban allí para hacer cualquier cosa que la gente necesitara. En ese momento comprendí que cualquier cosa que pidiéramos bajo este cielo abierto podríamos recibirla. Una sanidad, un milagro o una victoria, lo recibiríamos. Asombrada por lo que me había dicho el Espíritu Santo, corrí hacia el pastor durante un descanso. Le conté emocionada que los ángeles estaban aquí y que el Espíritu Santo me había dicho que harían cualquier cosa que necesitara la congregación. Yo sabía que el pastor creía en los ángeles porque se había referido a ellos ocasionalmente, aunque nunca había dicho que los hubiera visto o sentido. No podía leerle la cara, pero cuando dijo "De acuerdo" creí que le estaba dando a mi información el beneficio de la duda. Yo solo sabía que yo quería honrar a Dios y honrar al liderazgo y dar al Señor todas las oportunidades de ministrar a las personas. Sentía las necesidades de las personas jalar de mi corazón, por lo tanto no me importaba que el pastor pensara que estaba loca.

Lo que ocurrió a continuación marcó y cambió mi vida. Sentí un viento fuerte que subía por detrás de mi hombro derecho. Yo sabía que no era el Espíritu Santo, porque ya era sensible a cómo era (hablaremos de ello en un capítulo posterior). Yo sabía que ese viento era uno de los ángeles que habían estado volando de un lado a otro durante el servicio. Este ángel me dio un golpecito en el hombro y dijo: '*Estoy aquí para tu victoria*'. El peso de aquellas palabras fue poderoso e inolvidable. Yo no sabía el nombre de aquel ángel, ni sabía nada acerca del DDE, pero sabía que había empe- zado un cambio importante en mi vida. Desde el momento en que aquel ángel apareció, empecé a experimentar sanidad interior y liberación, y empezaron a ocurrirme cosas sobre- naturales. Mi don profético aumentó, mi fe aumentó, el discernimiento aumentó, junto con otros dones espirituales. Estaba tan agradecida por las palabras que me dijo. Después de aquel encuentro, yo discernía con frecuencia a los ángeles y como resultado hubo mucho fruto.

Mi don de discernimiento aumentó aún más a raíz de un sueño en el que veía filas de ángeles alineados. Parecía haber al menos cincuenta de ellos, de diferentes tamaños, formas y nacionalidades. Me asombraba ver tantos tipos diferentes. En el sueño hice la pregunta: "¿Quién en este mundo trabaja con todos estos ángeles?" y levanté la vista para ver al profeta Bob Jones de pie frente a mí. En ese momento me desperté y sentí la presencia de Dios. Había ocurrido una impartición en el reino espiritual. Después de aquel encuentro, sentía que los ángeles me tocaban el brazo derecho. Así es como dis- cerní su presencia conmigo. Puede que tú los disciernas de una forma totalmente distinta. Como sigo diciendo, cada don de discernimiento es único y cada individuo tiene su propio lenguaje para ello.

A medida que crecía en el discernimiento en esta área, aprendí que los ángeles tienen nombres individuales, pero esa es una discusión para otro momento. De momento, solo quiero relatar las formas en que aprendí a navegar este don.

Un día, estaba sentada en Starbucks tomando mi café y escribiendo, cuando discerní que un ángel estaba conmigo. Este ángel medía por lo menos entre tres y cuatro metros. Me quedé atónita. Lo sentí de pie, leyendo un pergamino, por unos cinco minutos. Yo sabía, incluso sin que hablara, que estaba allí debido al llamado de Dios sobre mi vida. Yo sabía que tenía que ver con Dios quien me estaba apartando. Ahora sé que el ángel estaba leyendo el pergamino de mi destino. Aún no conocía este don, pero desde aquel día aumentó la unción de liberación en mi vida.

En otra ocasión, mi marido y yo estábamos haciendo compras y sentí el viento en mi hombro derecho. Pregunté al Espíritu Santo, maestro de todas las cosas, cuál era el ángel que estaba aquí. No le pregunté su nombre, sino su función. Y Él dijo: " Sanidad". A veces veo ángeles a través del don de vidente (1 Crónicas 29:29), pero la mayoría de las veces mi función consiste en sentirlos en el brazo. El Espíritu Santo cambia las cosas como Él decide. En esta ocasión, habiéndome dicho el Espíritu Santo qué ángel había allí, me dirigí a la mujer que estaba a mi lado en el pasillo del super-mercado, y le pregunté si necesitaba sanidad. Le expliqué que yo a veces oraba por las personas. Resulta que ella era una cristiana que se había lastimado la pierna y la cadera en una caída el día anterior. Oramos por ella y se sanó. ¡Gloria a Jesús! El DDE no es para que te enorgullezcas y digas: "¡Mírame! Tengo este don". El DDE debe usarse para beneficiar al Reino y traer la agenda de Dios a esta tierra. Cuando los ángeles de Dios se presentan, hay un propósito divino, bien para ministrarte algo relacionado con tu llamado, bien para traer el cielo a las personas que te rodean.

Muy a menudo, cuando salgo a comer, siento un ángel específico. Su función es traer revelación. En cuanto siento a este ángel, se abre la unción profética y sé que, si me siento y escucho, recibiré una palabra profética para el mesero. La primera vez que esto ocurrió, el discernimiento fluyó con facilidad, de modo que en las siguientes ocasiones en que sentí el mismo ángel, me resultó fácil reconocer que Dios quería hablar a alguien del restaurante. Esto no siempre me entusiasmaba. Soy humana. A veces estaba cansada de un día ajetreado, o con la intención de disfrutar de tiempo en familia, y cuando aparecía este ángel sentía su peso y realmente no quería ministrar en ese momento. Pero en esas ocasiones, me recuerdo a mí misma que no se trata de mí y que la agenda de Dios es más importante que mi agenda. Su corazón es para los perdidos, los que sufren y los quebrantados. Así pues, tengo que morir a mí misma y dejar que Él desate palabras en la vida de las personas. Él ama a las personas y yo no debo ser obstáculo. Ten por seguro que también hubo muchas ocasiones en las que me emocioné y me alegré de discernir a ese ángel. Solo te digo que el don puede manifestarse cuando menos te lo esperas y es entonces cuando tienes que preferir la agenda del cielo por encima de la tuya.

Hay un encuentro específico en un restaurante que me hizo apreciar lo importante que es ser obediente. En esta ocasión, ya estaba comiendo cuando discerní al ángel. Dios me dio una palabra muy larga y detallada. Me dirigí a la mesera para describirle lo que ocurría en su vida, tal como el Señor me había mostrado. Di unas palabras muy específicas acerca de su hijo y de lo que Dios iba a hacer en su vida. Casi se echó a llorar porque había estado muy preocupada por él. Unos meses después, yo estaba de nuevo en el mismo restaurante y aquella mesera se acercó y me abrazó. Me dijo que su vida había cambiado aquel día y que estaba muy agradecida por lo que se le había dicho. Yo solo sonreí y le dije que Dios la ama, ¡y entonces Dios le dio algunas palabras más!

Las personas que trabajan en restaurantes suelen estar en transición entre un trabajo y otro, yendo a la universidad o procurando descubrir qué quieren hacer en la vida. Parece que Dios me envía a los que están en transición, para que reciban una palabra directiva de Él en un momento en que se sienten perdidos o confusos. Dios me muestra para qué han nacido y para qué les capacita el talento y las habilidades que Dios les ha dado. Les pregunto si han pensado en ello como posibilidad y si puedo orar con ellos. Si aún no son seguidores de Cristo, les conduzco al Señor. Si ya están en el Señor, decreto un cambio en sus carreras y les pido que estén dispuestos a permitir que Dios lo haga.

Incluso mientras escribo esto, siento que algunas personas tienen miedo de discernir a los ángeles por temor a ser engañadas. Acabemos con eso ahora mismo. Discernir a los ángeles no consiste en adorarlos. Discernir a los ángeles es un don de Dios para facilitar lo que Él quiere hacer en la Tierra. Los ángeles son siervos enviados para ayudarnos a hacer lo que Él quiere. (Hebreos 1:14)

Di esto en voz alta: *"Papá, me arrepiento de cualquier enseñanza religiosa con la que haya estado de acuerdo y que haya obstaculizado mi discernimiento de los ángeles y pueda haberme impedido moverme en mi don. Me arrepiento del temor y de estar de acuerdo con él. Salgo del acuerdo con el temor y la religión y en el nombre de Jesús ordeno a cualquier demonio de religión o temor que salga. Te pido, Espíritu Santo, que llenes mi corazón y mi mente de Ti y de Tus pensamientos. Declaro que el amor de Dios se ha perfeccionado en mi corazón y que soy audaz e intrépido en aquellas cosas a las que Él me ha llamado. Amén".*

Por supuesto, hemos de movernos con sabiduría. La sabiduría procede del Señor y se encuentra en Su Palabra escrita. Si se te aparece un ángel y te pide que hagas o digas algo que no concuerda con la Palabra de Dios, entonces sabrás que ese ángel es falso. Es cierto que tales impostores han provocado gran engaño y han dado lugar a religiones enteras. Dios nos ha dado la sabiduría de Su Palabra para saber cuándo un encuentro angélico no procede de Él. Cuando un encuentro no se ajusta a Su Palabra, debes ordenarle que se vaya en el nombre de Jesús.

Ahora que hemos abordado las cosas específicas que el Espíritu Santo puso en mi corazón, he aquí algunos ejemplos más de mi propia experiencia del funcionamiento del DDE y del reino angelical.

Cuando trabajaba en el hospital, oraba según me guiaba el Espíritu Santo. Normalmente, Él me mostraba por quién podía orar y quién estaría abierto a ello. Con el tiempo, discerní que los ángeles estaban conmigo solo con respecto a determinadas personas. Yo sabía por el Espíritu cuándo la función de los ángeles era sanar. Había veces en que oraba la oración de fe por las personas sin sentir a este ángel sanador, pero sabía que la unción no era tan fuerte.

Este conocimiento me hizo prestar más atención a cuándo estaba ese ángel y cuándo no. Cuando lo estaba, podía reconocerlo y dar gracias a Dios por haberlo enviado, y mirar a ver qué quería el Señor que hiciera en ese momento. Un día el médico me ordenó que administrara un tratamiento respiratorio a un hombre que tenía graves problemas de corazón. Cuando salí de la habitación para hacer anotaciones en el historial del paciente, sentí un viento muy fuerte y sentí que el ángel me decía: "Si vas y oras por él, le sanaré". ¡Vaya, mi fe aumentó mientras oraba por aquel hombre! Sentí que el poder de Dios llenaba aquella habitación. Aquel hombre fue sanado, ¡alabado sea Dios! A Dios le encanta hacer lo imposible.

Descubrí que siento un aumento de la actividad angélica en ciertas localidades. Por ejemplo, cada vez que voy a California parece que me encuentro con un fuerte Ángel de Revelación. Mi amiga, quien se reúne conmigo en el aeropuerto y viaja conmigo, será testigo de ello. Durante el tiempo que pasamos juntas, puedo decirle exactamente cuándo aparece el ángel. Cuando sé que tengo una palabra profética para una persona, no tengo que presionar para conseguirla. Las palabras simplemente llegan a las personas con una intensidad que lo hace muy fácil. Las palabras proféticas simplemente salían de mí para los pasajeros que estaban a mi lado en el avión, en el aeropuerto, en cada restaurante y en cada tienda en la que entrábamos.

A veces, en casa, cuando mi marido y yo estamos adorando juntos, empiezo a discernir este gran ángel de Gloria que veo en el ámbito de Vidente. Sé cuando ese ángel está presente, porque la Gloria aumenta en nuestra casa y sentimos gloria tangible en nuestros cuerpos. Cuando mi marido y yo fuimos comisionados para el servicio, discerní un ángel alto de pie detrás de mí. La persona que nos comisionó también lo discernió. El ángel estaba allí para confirmar la comisión. Era un ángel del Despertar de la Gracia asignado a nuestro ministerio para que pudiéramos ayudar a las personas a despertar a esa gracia en sus propias vidas.

Cuando el Señor me llevó a grabar seminarios web, sentíamos ángeles particulares durante la enseñanza y las imparticiones. Incluso hubo personas que estuvieron viendo los seminarios posteriormente y los vieron y sintieron. Espero que mis experiencias te ayuden a comprender cómo funciona esto, y que mantengas un diario, como yo hice, para que puedas anotar las diferentes tendencias y patrones de la función angélica. Recuerda, aprender estas cosas lleva tiempo, pero declaro aceleración sobre ti mientras lees, porque Dios quiere, y necesita, que funciones en el don de discernimiento.

Incluso al cerrar este capítulo, el Espíritu Santo me está recordando que tengo ángeles que me ayudan a escribir.

La información relativa a los ángeles que me ayudan cuando escribo, le fue dada a mi marido en una Palabra de Conocimiento, que es un don, y función, diferente del DDE. El Señor le dijo que tengo tres ángeles que laboran conmigo cuando escribo. Estoy muy agradecida a Dios por enviar a sus ayudantes para que me ayuden a cumplir lo que el Padre quiere que se haga en la tierra. Ahora mismo, tú también puedes tomarte un tiempo para dar gracias al Señor. *"Señor, te doy gracias por tus ángeles que me has asignado para ayudarme a caminar en el llamado de Dios sobre mi vida. En el poderoso nombre de Jesús. Amén".*

el discernimiento del
espíritu santo

Es para mí un deleite y un honor escribir acerca de discernir al Espíritu Santo. Lo disfruto tanto. Permíteme compartir algunas escrituras que hablan de la asombrosa tercera persona de la Divinidad. Es una persona, igual que el Padre y Jesús son personas. Lamentablemente, no se ha hablado o enseñado lo suficiente acerca de Él para que las personas tengan una base efectiva para discernirlo. Me doy cuenta de que ciertas corrientes de la Iglesia sí lo tienen, pero por el bien de cualquier nuevo creyente que lea esto, quiero cubrir algunos aspectos básicos.

La Palabra dice en Juan 14:26: *"El Espíritu Santo, a quien el Padre enviará en Mi nombre, Él les enseñará todas las cosas, y les recordará todo lo que les he dicho"* (NTV).

WOW. Él lo abarca todo de muchas maneras. Podrías buscar escritura tras escritura sobre quién es Él, pero yo quiero enfocarme en discernirlo y en cómo aprendí a hacerlo. Establecer y mantener una relación con el Espíritu Santo no es diferente de cómo forjas una relación con cualquier persona; pasas tiempo con Él en intimidad, reconociendo que está presente y es real.

Antes de empezar a compartir algunas historias acerca del Espíritu Santo, empecemos con una sencilla oración: "Espíritu Santo, te invito a que te hagas real para mí. Por favor, ayúdame a conocerte y a ser discerniente de ti y de lo que haces a mi alrededor".

Me gusta referirme al Espíritu Santo como un caballero. Le gusta que lo inviten y lo honren. Sí, hay veces que viene como un León, pero la mayoría de las veces yo he elegido invitarlo. Mi relación con Él se cultivó con el tiempo. Quiero resaltar esto, porque a medida que crezcas con Él, Él cultivará muchas cosas en tu vida. Está tan vivo y es tan activo como las otras dos Personas de la Divinidad, lo cual es una verdad de la Palabra que no debe negarse. Empezarás a discernirlo a medida que reconozcas y honres quién es Él. El discernimiento fluirá de haber pasado tiempo con Él. Puesto que todos somos únicos en nuestro diseño, se deduce que tu travesía con el Espíritu Santo puede diferir de la mía; el lenguaje de señales entre ustedes puede diferir del mío. Mi propia travesía con Él comenzó cuando fui bautizada en el Espíritu Santo, como se explica claramente en la Biblia: *"Todos fueron llenos del Espíritu Santo y comenzaron a hablar en otras lenguas"* (Hechos 2:4 NBLA).

Me encanta cómo Dios sabe exactamente lo que necesitamos. Un día, sabiendo que necesitaba obtener mi información de Dios, no del hombre, simplemente oré: *"De acuerdo Señor, he oído la opinión del hombre acerca de hablar en lenguas. Ahora quiero que me muestres la verdad. ¿Esto viene de ti? Si es así, necesito que me lo muestres en las Escrituras"*. Estaba estudiando la Palabra y Él me resaltó Hechos 19:2. Aquí es donde Pablo llegó a Éfeso y preguntó a algunos creyentes si habían recibido el Espíritu Santo cuando creyeron. Le contestaron que habían sido bautizados en el bautismo de arrepentimiento de Juan, pero que no sabían que existía el Espíritu Santo. Bajo el ministerio de Pablo llegaron a creer en Cristo Jesús y se bautizaron en Su nombre. Cuando Pablo les impuso las manos, el Espíritu Santo vino sobre ellos y empezaron a hablar en nuevas lenguas y a profetizar.

Mientras lo leía, una poderosa revelación me impactó. Fue como un río caudaloso y el pararrayos de Dios, ¡todo a la misma vez! A partir de ese momento, hablar en lenguas fluyó de mí. Me encontré cantando y orando en lenguas todo el tiempo, incluso cuando conducía mi automóvil. Se convirtió en mi pasión cultivar el Espíritu Santo. Ojalá pudiera decir que este proceso fue rápido, pero para mí no lo fue. Necesitaba mucha más impartición y revelación de quién era Él. En aquella época todavía estaba creciendo en carácter, y pasé por muchas pruebas.[1] Sin embargo, fui fiel. Incluso mientras escribo esto, el Espíritu Santo me está mostrando que siempre hay una nueva medida de Él que experimentar, siempre en aumento, si lo permitimos.

Al ser más conscientes del Espíritu Santo, aprenderemos lo que le entristece; la Biblia dice que al Espíritu Santo le entristecen el pecado y la desobediencia.

El Espíritu Santo sabe que solo podemos llegar hasta cierto punto con Él si solo obedecemos la mitad de lo que dice. A medida que mi travesía avanzaba, arrepintiéndome de los pecados y recibiendo liberación y sanidad interior, mi relación con el Espíritu Santo se hizo más profunda. Leí libros acerca del Espíritu Santo, y también invertí tiempo y dinero para recibir impartición de líderes. Fui fiel para dedicar tiempo a hablar con el Espíritu Santo aunque no obtuviera respuestas de inmediato. A lo largo de los años cultivé las distintas formas en que podía discernirlo. Lo sentía de todas las formas posibles, pero sobre todo en mis sentidos espirituales.

Intentaré explicar cómo aprendí a discernir Su presencia. Seguía buscando entender al Espíritu Santo, y Él me hablaba de diversas maneras. Cuando oraba en el Espíritu, oía en mi mente una voz fuerte. Me daba respuestas que yo sabía que no procedían de mi intelecto natural. Era diferente de cuando me hablaba Padre Dios. Era más fuerte, sobre todo al principio, cuando aún no estaba segura de quién era quién. Luego, cuando empecé a entenderlo y a discernirlo, empecé a tener visiones abiertas. El Espíritu Santo me habló a través de estas visiones, tal como se prometió en Hechos 2:17: *"Derramaré de Mi Espíritu... y vuestros jóvenes (o mujeres) verán visiones"*.

Te recomiendo mucho que tomes la clase de Patricia

King, "Conozca al Espíritu Santo",[2] en la que expone las escrituras del Nuevo Testamento que describen las setenta funciones del Espíritu Santo. Ella enseña que las visiones son la forma más común de aprender a discernir al Espíritu Santo. La primera visión que tuve fue una visión con los ojos abiertos en la que yo era una guerrera fuerte, vestida de blanco y con una espada en la mano. En la visión empecé a hablar en lenguas y mi voz se hacía cada vez más fuerte. Cada vez que hablaba en lenguas el diablo era derrotado. Fue poderoso ver la imagen de quién era yo en el Espíritu y que se alineara con Efesios 6:18: *"Con toda oración y súplica oren en todo tiempo en el Espíritu, y así velen con toda perseverancia y súplica por todos los santos"*. Esta es una forma de invitar al Espíritu Santo y honrarlo. Lo dis- cernirás más fácilmente cuando lo invitas, porque con esa misma acción cambias tu enfoque hacia Él.

Recuerda que el Espíritu Santo es un espíritu, por lo que no está confinado al tiempo ni al espacio. A veces, yo sentía una presencia tangible de Dios y discernía que era el Espíritu Santo el que estaba en la habitación conmigo. Era tan poderoso y me sentía tan agradecida. A menudo me despierta temprano por la mañana para que escriba o pase tiempo en la Palabra antes de que en casa nos pongamos demasiado ocupados. Él sabe que ése es el momento en que tendrá toda mi atención sin que las cosas del mundo me presionen. A veces, cuando estoy predicando o enseñando, siento que se presenta en la sala una ráfaga de viento impetuoso como en Pentecostés. Cuando sé que lo estoy discerniendo, siempre quiero saber por qué está ahí. Hago la pregunta "¿Qué estás haciendo en este escenario y situación actuales?".

A veces Él aparece solo para enseñarme y guiarme, en otras ocasiones aparece para tocar a las personas que me rodean. Recuerda que debemos honrar Sus caminos. Puede que estemos acostumbrados a discernirle de una manera determinada, pero entonces Él nos la cambia porque quiere revelarse de una forma que no hemos explorado. Aprende tu lenguaje en este proceso. Mantén un diario, habla con el Espíritu Santo y pídele que te ayude a discernirlo continuamente. Ama lo que Él ama, odia lo que Él odia. Disfruta de la travesía del discernimiento. Sí, sé que puede ser frustrante cuando disciernes algo pero no estás seguro de lo que es. Yo he pasado por eso muchas veces, y la clave para entender es preguntar siempre al Espíritu Santo: ¿qué estoy discerniendo ahora mismo? ¿Qué quiere enseñarme Él? Verdaderamente Él nos enseña todas las cosas.

Para mí, otra forma en que ocurre el discernimiento es a través del fuego. Lucas 3:16 habla del bautismo del Espíritu Santo y del fuego. Estaré acostada en la cama y mi cuerpo se llena de calor mientras el fuego de Dios me llena una y otra vez. Esto puede ocurrir por varias razones. El Espíritu de Santidad es un fuego que quema todo lo que el Señor no quiere en mí. A veces es una unción sanadora que me atraviesa como una llama caliente.

Durante las sesiones de liberación dependo en gran medida del Espíritu Santo, y es muy fácil discernirlo porque es bastante franco a la hora de nombrar aquello de lo cual la persona necesita ser liberada. En esos momentos es como si el poder de Dios saliera disparado de mí, como se des- cribe en Lucas 4:18: *El Espíritu del Señor está sobre mí...*

para poner en libertad a los oprimidos." También, Miqueas 2:13 (RVA): "*Subirá rompedor delante de ellos; romperán y pasarán la puerta, y saldrán por ella: y su rey pasará delante de ellos, y a la cabeza de ellos Jehová*". Esta son los momentos en los que tiemblo con el puro poder del Espíritu Santo. Golpea como un pararrayos. Sé que algunas personas son muy critican mucho cuando alguien tiembla fuertemente pero yo digo: juzguen por el fruto resultante. Dejo en manos del Espíritu Santo cómo se manifiesta; solo quiero que sepa que está invitado. Cuando el Espíritu Santo me muestra un asunto oculto del ataque furtivo del enemigo en la vida de alguien, sé que Él aparecerá para romperlo. Mientras tiemblo fuertemente y ordeno con palabras, el Espíritu Santo derriba la asignación y hay pruebas de que el ataque se ha roto. Es la forma en que el rompedor sale de mí. No descartes una manifestación en ninguna reunión a la que vayas, pero confía en Dios para que te muestre si hay alguna falsificación en ella.

A veces discierno la presencia del Espíritu Santo por la profecía extática que cae sobre mí. En esos momentos me doy cuenta de que las palabras que salen de mi boca son palabras del Cielo y tienen un peso diferente en el ámbito del Espíritu. Si no estás seguro de lo que es la profecía extá- tica, te recomiendo el libro de Stacey Campbell acerca de ella.[3] Recuerda, esto es una travesía. Lo diré varias veces a lo largo del libro para que no te obsesiones con cómo discer- nías al Espíritu Santo al principio. Permite siempre que haga algo nuevo en ti.

Ahora mismo, siento que el Espíritu Santo me está guiando a orar por ti. "*Declaro y decreto que llegarás a conocer bien al Espíritu Santo, y que discernirás de Él con una gran sensibilidad"*.

Hay ocasiones en las que discernir al Espíritu sucede porque me sumerjo completamente en las emociones del Espíritu Santo por la persona a la que estoy ministrando. Empiezo a llorar porque siento y percibo el corazón del Espíritu Santo por el dolor o la enfermedad de esa persona. Sé que estas emociones son Suyas porque en lo natural no amaría a un extraño tan profundamente ni tan pronto. Necesito tener el corazón del Espíritu Santo para poder orar lo que Él me muestra en ese momento.

He llegado a disfrutar discerniéndole cuando habla con esa vocecita apacible que me aconseja. Puede ser que me esté llamando la atención sobre una actitud de mi corazón, o que me esté afirmando en mi identidad. A veces, es para mostrarme cómo asociarme con Él para cumplir una misión concreta aquí en la tierra. Por ejemplo, este libro fue idea Suya y no mía. Si no hubiera discernido que Él me hablaba, no lo hubiera captado.

Mientras lees esto, puede que el Espíritu Santo te esté recordando algunas de las formas en que le has discernido a lo largo de tu vida, sin que te dieras cuenta. Escríbelas ahora y, al hacerlo, el Espíritu Santo empezará a mostrarte más y nuevas formas de discernirle.

Al asociarte con Él, lo encontrarás fiel. ¿Cuántos de ustedes han asistido a reuniones de iglesia en las que la atmósfera parecía seca y dura? Luego fuiste a una reunión en otro lugar y sentiste una atmósfera totalmente diferente de vida y gloria. ¿Adivina qué? ¡Estabas discerniendo al Espíritu Santo! Comprende también que, si de repente oliste un aroma dulce que no tenía explicación natural, podrías haber estado discerniendo por el olfato lo que el Espíritu Santo estaba haciendo en ese momento en la sala. Un ejemplo podría ser cuando oliste miel y fue en un momento en que estabas recibiendo revelación sobre algún aspecto de la Palabra. Eso es discernir al Espíritu Santo. No puedo decirte todas las formas en que se puede discernir al Espíritu Santo, ni quiero hacerlo. Tú eres singular para Él y también lo es la relación y el lenguaje que estás desarrollando con Él.

Una forma más fácil de discernir la presencia del Espíritu Santo es cuando uno de los nueve dones del Espíritu comienza a operar a través de ti. He aquí un ejemplo: Estoy predicando y, de repente, de la nada, siento un enorme dolor de cabeza que antes no tenía. Me doy cuenta de que el Espíritu Santo me está dando una palabra de conocimiento sobre la necesidad de sanidad de alguien. Un día, en el trabajo, me estaba tomando un descanso con una compañera. De repente, sentí un fuerte dolor de espalda y sentí que el Espíritu Santo me estaba revelando una palabra de conocimiento para que Él pudiera tocar a mi compañera de trabajo. Le pregunté si tenía dolor de espalda y me describió la causa. Oré por ella y fue sanada. Si no hubiera discernido al Espíritu Santo y lo que Él quería hacer, ella no habría sido sanada en ese momento. He aprendido a disfrutar de aliarme con este don porque ayuda a muchas personas. Asociarse con Él de esta manera puede ser a través de la intercesión o fluyendo en el DDE, o a través de cualquiera de los otros dones.

A veces discernirlo es Su " táctica " para que fluyas en los otros dones. Cuando empecé a sentir lo que parecía un río saliendo de mi vientre, discerní que el Espíritu Santo quería que diera una palabra de profecía. Entonces hizo que fluyera en una palabra "nabiy". James Goll describe el nabiy' como la acción de "fluir hacia adelante".[4]

Lo que estoy explicando aquí es cómo el DDE y los otros dones se entrelazan. Si no hubiera aprendido a discernir cuándo es el Espíritu Santo, solo me habría obsesionado con esas extrañas sensaciones que sentía y habría retenido palabras de conocimiento que ayudaban a las personas.

El Espíritu Santo a veces te dará instrucciones con una voz suave y apacible. Una vez me habló y me dijo que ya no comiera crema batida. Para entonces ya había cultivado una relación con Él y sabía que era Su voz, así que hice lo que me dijo. Hay veces que le pido explicaciones, pero en otras ocasiones simplemente confío en que Él sabe lo que es mejor para mí. Si lo honras, Él vendrá. Cuando empiezas a discernirle, es con un propósito. Puede que solo sea para animarte a pasar tiempo con Él. Puede ser que haya alguien a quien Él quiera ministrar a través de ti. Podría ser para que conozcas Su corazón por una situación y lloras y sientes Su pesada presencia. Te rindes y surge en ti un profundo deseo de entrar en intercesión.

Hay miles de formas en las que el Espíritu Santo puede ayudarte a discernirlo. A veces simplemente lo sabes en tu "sabedor". No tienes que pensar en ello, simplemente sabes que es el Espíritu Santo, actúas en consecuencia y hay buen fruto de ello. Conócelo a través del discernimiento y luego asóciate con Él en lo que Él está haciendo.

Mucha gente se ha perdido de experimentarlo no solo por no discernirle, sino por tenerle miedo. No quiero que ese seas tú. Por eso está este capítulo en este libro. El Espíritu Santo es clave para caminar en tu destino divino, pero incluso cuando empieces a discernirle, no te obligará a asociarte con Él. Es un caballero y respetará tu elección de fluir con Él o de cerrarle el paso. He visto que eso ocurre muchas veces y estanca tu destino.

Mi oración es que habiendo leído solo esto sobre el tema y habiendo empezado a recibir la impartición del DDE, Él te revele aún más de Sí mismo. Dios sabía que necesitábamos esta parte de la Divinidad y por eso lo envió en Pentecostés.

En mi caminar con el Espíritu Santo a lo largo de los años, entiendo que se necesita tiempo para que entremos en una relación más profunda con Él, igual que ocurre con las relaciones humanas: por ejemplo, el nivel de intimidad de unos recién casados versus doce años de matrimonio. Si alimentas la intimidad, empezarás a comprender mejor el corazón del Espíritu Santo. Sabrás lo que lo hace feliz y lo que lo entristece. A medida que navegues por esas cosas, tu discernimiento transitará hacia un lugar en el que serás más sensible a lo que Él te está mostrando y destacando. Fue totalmente idea del Espíritu Santo que me asociara con Él para escribir este libro, al igual que fue Él quien me enseñó a caminar en el don del discernimiento de espíritus. Sin los dones del Espíritu no podría hacer lo que Él me ha llamado a hacer. Sus dones me ayudan a llevar a cabo el llamado de Dios en mi vida. Le estaré eternamente agradecida.

Si quieres más del Espíritu Santo, debes honrarle. Ahora mismo, puedes simplemente orar: *"Espíritu Santo, te honro. Enséñame y ayúdame a ser más íntimo contigo y a discernirte más"*.

el discernimiento de los espíritus y motivos humanos

¿Qué significa discernir los espíritus humanos? Las historias con ejemplos son una de las mejores formas de explicar las cosas. Jesús con frecuencia usaba historias en Su ministerio. Los seres humanos somos seres de tres partes. Como un huevo —cáscara, clara y yema—, somos cuerpo, alma y espíritu, hechos a imagen de Dios —Padre, Hijo y Espíritu Santo—. Una vez que nacemos de nuevo, nuestro verdadero yo es nuestro espíritu. Esa parte de nosotros es justa y pura, una nueva creación, gracias a lo que hizo Jesucristo en la cruz. Pero nuestros cuerpos y almas no son así a menos que se sometan al Espíritu de Dios.

Jesús discernía los motivos detrás de lo que decían las personas. Discernía lo que realmente había en el corazón de los fariseos y los saduceos cuando le criticaban por expulsar demonios. Dijo: *"Generación de víboras! ¿Cómo podéis hablar lo bueno, siendo malos? Porque de la abundancia del corazón habla la boca"* (Mt. 12:34-36 RVR1960). ¿Has oído alguna vez una palabra profética, sabiendo que estaba un poco "fuera de lugar" y que estaba motivada más por el alma de la persona que por el Espíritu de Dios? Es algo pare- cido. Sí, se nos llama a amar a todo el mundo, pero si caminas junto a personas que eligen no ocuparse de sus defectos de carácter, puedes descubrir que pueden abrirte puertas que te ponen en peligro espiritualmente.

Permíteme que te ponga un ejemplo: Alguien te da un consejo y le pides al Señor Su sabiduría acerca de ello. Se te revela que el consejo procedía de su alma. No pro- cedía del Señor, ni del Espíritu Santo, sino de su alma, de su mente natural. Creo que el espíritu nacido de nuevo es perfecto, pero puede verse influido, o filtrado, por la mente, la voluntad y las emociones del alma que no han experi- mentado la renovación por el espíritu. El discernimiento de los espíritus humanos no es algo negativo, sino necesario y estratégico para relaciones sanas. En el ejemplo que acabo de describir, podrías usar el DDE como clave para interceder por la persona que te dio un consejo que partía del alma.

Otros ejemplos: Alguien entra en la habitación y per- cibes una presencia a su alrededor. Quizá esa persona sea un líder con un llamado muy alto, pero percibes un corazón torcido. Acabas de discernir quién es en el ámbito espiritual;

Te acaban de presentar a una persona y, de repente, tienes una visión en el ojo de tu mente. Ves a esa persona escribiendo un libro con una pluma especial en la mano. Puede que Dios te esté mostrando que esa persona fue diseñada por Él para escribir, habiendo sido creada con una habilidad natural para ello; Entro en la sala del personal y de repente oigo en mi cabeza: *"Wow, April está trabajando hoy. ¡Qué bien! Disfruto trabajar con ella"*. Te preguntas por qué estás captando los pensamientos de tu colega. Lo que estás discerniendo no son palabras demoníacas, ni de un demonio, ni de un ángel, ni del Espíritu Santo, ni del Señor, sino del hombre espiritual de tu colega.

Esto me ha pasado con tanta frecuencia. A veces me confunde de verdad, porque siento sus pensamientos como si fueran míos. He aquí un ejemplo realmente confrontador de esto. Estoy en medio de una multitud y oigo estos pensamientos: *"Vaya, ese tipo que está ahí está buenísimo. Espero de verdad que me invite a salir. Quizá si espero aquí se acerque"*. Ahora bien, yo personalmente estoy felizmente casada y no tengo ningún problema con la lujuria. Me conozco y no lucho con pensamientos como esos. Así que miro a mi alrededor y a mi lado hay una hermosa mujer que está mirando fijamente a un hombre en el centro de la habitación. ¡Ajá!, ahora sé que estoy discerniendo su espíritu.

Esta área del don puede resultar incómoda a veces, porque se siente como tus propios pensamientos, y eso puede resultar pesado en ocasiones. Necesitarás conocerte muy bien. Cuando sepas que no es un área con la que tengas problemas, entonces sabrás que estás discerniendo el problema de otra persona. Algunas personas navegan con éxito por esta parte del discernimiento, pero otras pueden acabar mentalmente angustiadas porque no han aprendido qué don tienen, o cómo administrarlo con el Espíritu Santo. Con este don, como con cualquier otro de los dones, el Espíritu Santo puede hacer que aumente y habrá una curva de aprendizaje en cada nuevo nivel. Sé amable contigo misma en este proceso. Pide al Señor que te dé un(a) amigo(a) que camina en este don, que sea digno de confianza y de buen carácter. ¡Así podrán correr la carrera juntos y fortalecerse mutuamente al intercambiar historias de las cosas raras que sucedieron hoy cuando estaban en el mercado!

También es importante que pidas al Señor manos limpias y corazón puro en este área. Puedes estar discerniendo a las personas que quieren usarte, aprovecharse de ti, traicionarte, o que piensan cosas muy negativas sobre ti en sus mentes. ¿Qué haces con toda esa información? Hablas con el Señor acerca de ello y le permites que te muestre cómo usar la información que te da. Mantente humilde y deja que el amor de Dios se derrame en tu corazón. Dios te dota de la capacidad de discernir espíritus humanos por muchas razones diferentes y una de ellas es enseñarte a amar bien, independientemente de lo que disciernas acerca de ellos. Independientemente de lo que Dios te muestre, tienes que caminar en el temor del Señor. Ten siempre Su corazón por las personas, o podrás endurecerte y enfriarte al ver malas intenciones, negatividad o motivos egoístas.

Cuando alguien que tiene motivos equivocados quiera usarte, recuerda que Jesús pasó por lo mismo. Jesús sabía lo que había en el corazón del tesorero de Su grupo íntimo de los doce. Sabía que Judas era un ladrón egoísta, y aun así lo amó. Algunas personas se me han acercado y me han dicho que quieren formar parte de mi ministerio. Por desgracia, no venían con un corazón de siervo para ayudarme, sino con un deseo de autopromoción. ¡Sucede, amigos! Las per- sonas son humanas y todos estamos en diferentes etapas de crecimiento y refinamiento del carácter. Lo triste es que, en última instancia, esas personas se están robando a sí mismas. Si dejaran de enfocarse en ser promovidos, cumplirían sus misiones en Dios y se asombrarían de lo que Dios hace a través de ellos. La verdad es que la promoción solo viene del Señor. Dios nos hizo a cada uno de nosotros para ser cam- biadores de la historia que siempre se tomarán tiempo para celebrar los éxitos de otros en la travesía.

A veces percibirás cosas que desearías no haber perci- bido. Imagina este escenario: Sales a cenar con una buena amiga y su marido. Te alegras de conocer a su marido porque siempre está diciendo lo increíble que es. Pero apenas te has sentado, y ya estás discerniendo una aventura adúltera. Su marido intenta captar tu atención. Te sientes abrumada por las emociones de la aventura adúltera que se disparan en tu cabeza. Es tan fuerte que te cuesta enfocarte en la conver- sación en la mesa. Procuras actuar con normalidad, pero te sorprende que esto le esté ocurriendo a una amiga a la que quieres tanto. Su marido empieza a hacerte preguntas acerca de ti, y mientras tanto te das cuenta de que estás discerniendo su carácter. Sigues tomando sorbitos de tu bebida, procu- rando mantener la compostura, pero finalmente te disculpas y escapas al baño. Le preguntas al Espíritu Santo cómo quiere que afrontes lo que acabas de ver. ¿Quiere que te arrepientas por ese hombre y ores para que cambie de opinión? ¿Quiere que se lo digas a tu mejor amiga? ¿Cómo manejarás tu amistad si te dice que no hagas nada?

Aquí es donde aprendes a no juzgar, sino a cultivar, aún más, tu relación con el Espíritu Santo. Él te ayudará a poner en práctica tus dones en situaciones como la que he descrito antes. Puede que te resulte incómodo saber lo que ocurre en esa situación, pero hay una razón que Él te ha mos- trado y debes tomarlo en serio. Puedes amar y bendecir a las personas a distancia, ¡pero puede que no quieras salir con ellos! El polo opuesto a la situación anterior es cuando Dios te muestra a alguien cuyo corazón es tan puro. Desde el momento en que lo conoces, sabes que está limpio ante el Señor y que puedes confiar en él. Es tan reconfortante cuando Dios te permite ver eso. También es hermoso ver cuando alguien ha sido restaurado por el Señor. Celebra esos momentos.

"Señor, te pido que des a todos los que lean este capítulo manos limpias, un corazón puro y la gracia de amar a pesar de lo que puedan discernir. Decreto que no juzgarán ni criticarán, sino que vivirán redentoramente".

el discernimiento de demonios

Puede que hayas adquirido este libro porque ya eres consciente de este don, porque ya has discernido demonios de vez en cuando. Puede que estés preparado para aprender más, o puede que estés realmente preocupado por lo que sig- nifica y a dónde te llevará.

He descubierto que algunas personas se rinden al temor cuando se trata de este aspecto del discernimiento. Dios no te ha dado un espíritu de temor, sino de paz y dominio propio (2 Tim. 1:7), por lo que oro que leerás este capítulo libre de cualquier tormento. Por favor, ora esta oración antes de seguir leyendo.

"Señor, me arrepiento de tener cualquier temor a los demonios. Ordeno que salga de mí cualquier espíritu de

temor, incluso desde que estaba en el vientre. Espíritu Santo, ven a llenar esos lugares. Mayor es el que está en mí que el que está en el mundo. Amén, que así sea".

Según Lucas 10:19 (NBLA), se te ha dado *"autoridad para pisotear sobre serpientes y escorpiones, y sobre todo el poder del enemigo, y nada les hará daño".* Jesucristo pagó el precio en la cruz para que sean hijos e hijas que se mueven en la tierra con la autoridad que Él les ha dado. Si ves o disciernes un demonio, pregunta al Espíritu Santo cómo tratar con él. ¿Lo expulsas de la persona, lo mandas fuera de una casa que estás visitando, o es un espíritu que gobierna en la región? Dialoga siempre con el Espíritu Santo acerca de lo que estás discerniendo.

Este don es muy eficaz en el ministerio de libera- ción. Puedes discernir lo que hay que mandar fuera de una persona para que sea liberada. Es un ministerio muy importante del Espíritu Santo. Puesto que Jesucristo vino a liberar a los cautivos, es una parte esencial del trabajo del Reino. No fue hasta más adelante en mi vida cuando experimenté la liberación y no quiero que la próxima generación tenga que esperar tanto. Imagina que esta generación pudiera experimentar su herencia de libera- ción al principio de su vida cristiana. ¡Cuánto más eficaces serían para el avance del Reino! Ésa es mi oración. Este libro no trata de debatir si un cristiano puede o no tener demonios. Si quieres explorar ese tema, busca uno de los muchos vídeos de Derek Prince en YouTube, que te pro- porcionarán pruebas bíblicas sólidas.

Puedes discernir a los demonios a través de cualquiera de tus sentidos. Puedes saborearlos, sentirlos, olerlos, oírlos o verlos. Debido al entorno en el que crecí, era especialmente sensible a la actividad demoníaca y Dios tuvo que hacerme madurar para que fuera más equilibrada. Me he dado cuenta de que lo mismo les ocurre a muchas personas que tienen este don. Satanás les odia tanto a ellos como a su don. Sabe que descubrirán las cosas ocultas que él no quiere que se expongan, y por eso aprovecha cualquier oportunidad para oprimirlos, incluso desde la infancia, o para llevarlos a alguna forma de espiritualidad falsificada.

En las primeras fases del desarrollo de este don, puedes discernir la presencia de un demonio sin saber inmediatamente su nombre ni su función. Cuando empecé a moverme en la liberación, discernía la presencia de demonios cuando ponía mis manos sobre alguien. A menudo la persona gritaba mientras el fuego de Dios expulsaba a los demonios. En aquella época, yo no conocía los nombres de los demonios.

En otra ocasión, durante un ministerio de liberación en mi casa, el fuego de Dios expulsó a todos los demonios, pero uno se escondió en mi perro. Tres días después me habló desde el perro, diciendo: "¿Quién te crees que eres para echarme fuera?". Aquello me impresionó tanto que tardé un par de días en recordar que lo mismo ocurrió cuando Jesús expulsó los demonios del loco llamado Legión. Los demonios hablaron, suplicando a Jesús que les permitiera habitar en la manada de cerdos cercana (Marcos 5:2-13). Ahora, tengo más entendimiento y sé que debo "barrer mi casa" espiritualmente y no permitir que los demonios se escondan.

Permite la gracia de Dios sobre ti mientras aprendes. No sales de la puerta conociendo todo lo que hay que conocer acerca del ministerio del discernimiento. Confía en el Espíritu Santo para que te capacite. Él te guiará y te dará la revelación para traer Su Reino a la tierra. A medida que yo crecía en este don, discernía a través del Espíritu Santo qué demonios expulsar. El Espíritu Santo me daba sus nom- bres cuando le pedía que me ayudara a discernir al "hombre fuerte" al que se adherían los demonios más pequeños. Te daré un ejemplo. El temor es un hombre fuerte, una fortaleza. Pero un montón de otros espíritus se unirán a él: abandono, abuso, rechazo, la lista puede ser larga. Con el don de DDE en funcionamiento, el ministro de liberación está capacitado para identificar y desarraigar las fortalezas demoníacas en la vida de las personas. Si tu deseo es ser eficaz en el ejército de libertadores de Dios, pero aún no tienes el don de DDE, ahora es el momento de pedírselo.

Siempre hay oportunidades para adquirir entendi- miento. Digamos que te mueves en el don de sanidad. Empiezas a orar por alguien en relación con el dolor cons- tante de su brazo derecho. De repente, percibes un espíritu de aflicción y enfermedad. Le dices a esa cosa que salga en el nombre de Jesús y, ante tus ojos, ¡esa persona queda sanada! Digamos que uno de los miembros de tu familia te regaña fuertemente de manera inesperada. Al principio, te quedas estupefacto, pero luego ves un demonio de odio e ira. Justo en ese momento sabes lo que está ocurriendo. Puede que el Espíritu Santo te haga interceder por la libertad de esta persona. A veces ves para apagarlo y prohibirle que opere a tu alrededor. Otras veces puedes verlo, oírlo, saborearlo o sentirlo, y ayudar a otros a expulsarlo.

Otro ejemplo: Podrías estar cruzando la frontera de un estado y entrando a otro, y de repente ves un demonio de 12 metros, y ves que ejerce poder sobre todo el estado o la región. Puede que no sea tu misión personal eliminar esa cosa, pero *sí puedes* prohibirle que opere mientras estés allí. Independientemente de lo que estés discerniendo, mayor es el que está en ti que el que está en el mundo. Tienes todo el poder para pisotear a los demonios. No permitas que te asusten o te intimiden. Tienen que irse en el nombre de Jesucristo.

Aprenderás a confiar en el Espíritu Santo para que te muestre lo que *necesitas* ver. Pide al Espíritu Santo que aumente este don y que te revele cualquier cosa oculta en tu propia vida o en la de las personas cercanas a ti, porque es un medio de protección, sobre todo si estás en liderazgo. Puede que revele brujas que se han infiltrado en tu círculo de asociados, o ataques y asignaciones de Jezabel. Las personas son reacias a reconocer y discutir este asunto, pero es real. Se necesita mucha sabiduría para caminar y fluir en este don.

Más que en ningún otro momento de la historia, este es el momento en que el cuerpo de Cristo necesita ser discerniente. Estamos en guerra, tanto si decides participar como si no. Si no te opones al diablo y a sus secuaces, habrás hecho una elección por defecto. Él recorre la tierra buscando a quien devorar, pero no tienes por qué ser tú. El DDE debe usarse para la extensión del Reino de Dios. Si el Espíritu Santo te muestra a alguien que tiene un demonio de rechazo, abandono o abuso, quiere que ores por esa persona o, posiblemente, que lo expulses.

Anteriormente mencioné que el DDE puede hacerte muy sensible a la hechicería y la perversión. Cuando esos espíritus están presentes, todos tus sentidos entran en juego y tu cuerpo puede reaccionar con mucha fuerza. Algunas personas sienten una opresión en el estómago. Algunos sienten un intenso dolor de cabeza. Tan intensa es su resistencia a ese espíritu que pueden sentir ira hasta el punto de querer pelear. Aprender a manejar esto implicará paciencia, tiempo y la ayuda de tu mentor. Muchos han experimen- tado estas reacciones extremas al tratar con este espíritu siniestro. Creo que es el sistema de advertencia de Dios para protegerte. Recuerda que no luchamos contra carne y sangre, sino contra principados. En Jesús tenemos todo el poder sobre el diablo.

Una advertencia: no vayas buscando el espíritu de hechicería y acusando a las personas de ello. No caigas en la sospecha y la falsa acusación. Hay veces en que no ten- drás ni la menor duda, pero es imperativo que preguntes al Espíritu Santo qué hacer al respecto. Toma autoridad para prohibir que ese espíritu opere a tu alrededor hasta que Dios te muestre cómo orar por ese individuo. Ten en cuenta que este espíritu suele ser generacional, habiendo comenzado en la línea familiar del individuo, así que no juzgues. Solo Dios conoce el corazón de los individuos que están dispuestos a ser liberados. No hay nada demasiado grande, ni demasiado duradero que Él no pueda liberar.

Una vez tuve un sueño acerca de una persona que tenía un espíritu de Jezabel, o hechicería. En el sueño Dios me dijo: "¿Crees que eso es demasiado difícil para Mí?". ¡Yo sabía la respuesta a esa pregunta! Es importante que seas diligente y lleves siempre este don con las manos limpias y el corazón puro (Salmo 24:3-4), pues Dios quiere usar el DDE para proteger al Cuerpo de Cristo y redimir a las líneas de sangre. Hablaremos más de esto más adelante, pero ahora quiero hablar de la sensibilidad a la perversión, ya sea masculina o femenina. Tendrás que ser consciente de tu propio lenguaje de discernimiento personal para saber cómo puedes sentir este espíritu. Ponme en una habitación llena de personas y podré decirte quién tiene demonios sexuales. Esto no es para que pueda juzgar, sino para que sea consciente. Planteo este tema porque, si tu sensibilidad de DDE a estas cosas es alta, habrá momentos en los que no sabrás cómo manejarlo. Serás susceptible a lo que yo llamo "sobrecarga de DDE". Necesitas que personas de confianza oren por ti y por tu sistema nervioso sobrecargado, aunque no comprendan tu don. Conozco a personas que han tenido este don durante años y todavía necesitan ayuda de vez en cuando en esta área.

Jennifer Eivaz dice que desarrollas músculo en este don[1] con el tiempo. Desarrollar músculo espiritual es una forma excelente de verlo. Lo maravilloso de esta área del ministerio es que produce una gran victoria en la vida de las personas. Incluso para los miembros de tu propia familia puedes orar para que se revelen cosas ocultas y puedan ser liberados. Este don es poderoso para discernir maldiciones generacionales que se incubaron en el reino demoníaco y se ataron a líneas de sangre. Con el DDE puedes discernir muy rápidamente cualquier número de causas raíz de maldiciones, como el asesinato, el abuso o el abandono. Muchas personas atraviesan una vida infernal provocada por maldiciones generacionales. Hay una larga lista de maldiciones generacionales que están en las líneas de sangre... ¡pero DIOS! Las maldiciones se rompen y vencen con la sangre de Jesucristo. A veces es útil romper las maldiciones ligadas, o conectadas, a los apellidos de las personas.

La mayoría de las veces no se celebra el don de DDE porque es el menos comprendido. El DDE es una espada para liberar a los cautivos, romper toda maldición generacional y desarraigar todo demonio. Se te necesita para la tarea, así que ármate de valor, sobre todo cuando este don te resulte difícil de manejar. Declaro una nueva gracia sobre ti para el DDE ahora mismo. El Espíritu Santo quiere afirmarte y ani- marte a que sigas persiguiendo y estimulando este don. No es diferente de avivar el don de profecía o el don de sanidad. Ora en el Espíritu para que el Espíritu Santo lo haga afiladí- simo en ti. A medida que seas fiel y permanezcas pura, verás un gran aumento de claridad en el don.

Te celebro en tu don de DDE. Te bendigo como cola- borador y declaro que serás eficaz y afilado en él. Que Dios te ayude a saquear las puertas del infierno para el Reino de Dios.

el discernimiento de la gloria

Los que caminan fuertemente en DDE suelen ser muy sensibles a las atmósferas y disciernen con rapidez el peso de la presencia de Dios. Es posible reconocer la gloria aunque no tengas el don del DDE, pero es probable que las per- sonas dotadas del DDE sean extraordinariamente sensibles al ámbito de la gloria. Soy muy consciente de que el Espíritu Santo quiere que escriba eso.

Entonces, ¿qué se siente en la gloria? La he oído describir de muchas maneras. Algunos dicen que se siente como lluvia que entra en una habitación, como una ligera neblina. Otros la describen como una nube espesa y cálida, porque sienten como si el amor de Dios estuviera en su propio ser. Otros la han descrito como un fuego ardiente, o una vibración de Su gloria. Algunas personas la describen como un ámbito profundo y revelador, cuando la atmósfera parece muy espesa y sabe a miel. A veces simplemente me despierto sintiendo calor, como una burbuja, a mi alrededor. Ésa es la mejor forma en que puedo describir la gloria de Su presencia. Cuando eso ocurre, sé que Él me está seduciendo para que pase tiempo conociéndole y ministrándole.

No nos corresponde juzgar estas experiencias, ni estimar una más que otra; en lugar de eso, observa el fruto en la vida de las personas en las que la gloria se manifiesta a su alrededor.

En realidad, todos fuimos hechos para experimentar Su gloria y Cristo es el punto de acceso para entrar en este reino, pero el DDE te permite discernir cuándo la gloria está en otra persona. Si deseas saber más sobre el ámbito de la gloria, hay muchos libros que enseñan sobre el tema, pero este capítulo es simplemente para reconocer e ilustrar cómo el DDE te permite discernir la gloria de la presencia de Dios. Hay personas que conozco y enseguida puedo ver una espesa neblina a su alrededor e inmediatamente sé que son personas de Su presencia. Sé que se toman tiempo para empaparse de la presencia de Dios y llevar su gloria. Es tan reconfortante discernir esto.

A veces, cuando disciernes Su gloria, es una invitación a ir a cenar con Él, como dice la Escritura:

"Yo estoy a la puerta y llamo; si alguien oye Mi voz y abre la puerta, entraré a él, y cenaré con él y él conmigo" (Apocalipsis 3:20 NBLA). Si ya caminas en este don del

DDE, declaro una nueva sensibilidad en ti para discernir Su gloria. Dios quiere que la experimentes y disfrutes. Mi próximo libro tratará sobre Su gloria, pero no es casualidad que estés leyendo el que tienes en tus manos. Oro para que te dé hambre de conocer aun más de Dios y de Su reino de gloria. Sé como Moisés y pídele al Señor que te muestre Su gloria (Éxodo 33:18). Es una petición que a Él le encanta responder.

Señor, que todos los que están leyendo este libro ahora mismo experimenten tu presencia, especialmente si es por primera vez. "Según el deseo de su corazón, Señor, muéstrales Tu gloria".

Pensamientos finales

He incluido las preguntas de discusión en este capítulo.

DISCUSIÓN CAPÍTULO UNO

¿Qué es el discernimiento de espíritus?

1. Define qué es este don y escríbelo para tenerlo siemp re presente. 2. Pide al Espíritu Santo que aumente tu sensi bilidad para discernir.

_____ —

_____ —

_____ —

_____

2. Toma el tiempo necesario para preguntar al Espíritu Santo dónde ha estado ya activo este don en tu propia vida, y anota cualquier lugar en el que haya pasado desapercibido.

_____

_____

_____

_____

DISCUSIÓN CAPÍTULO UNO

Auxilio, ¿cómo me siento?

1. ¿Cuál será tu primera respuesta cuando disciernas algo y no estés seguro de cómo manejarlo? Escribe tu respuesta.

_____

_____

_____

_____

2. ¿De qué sistemas de apoyo dispones para ayudarte cuando tienes un día en que has discernido de más? Enumera algunas respuestas a continuación.

_____

_____

_____

_____

DISCUSIÓN CAPÍTULO TRES

El discernimiento de ángeles

1. ¿Cómo te ha activado el Espíritu Santo para discernir a los ángeles? Recuerda que todos somos individuos singulares, y puede que tú los disciernas de forma diferente a como los disciernen otras personas.

_____

_____

_____

_____

2. Haz un registro de los propósitos de los ángeles que empiezas a discernir, y luego pide al Espíritu Santo que te revele algo nuevo acerca de ese ángel.

_____

_____

_____

_____

DISCUSIÓN CAPÍTULO CUATRO

El discernimiento del Espíritu Santo

1. Ora y pide al Espíritu Santo que te ayude a ser más sensible a Él. Enumera las formas en las que has sido más sensible a Él esta semana.

_____

_____

_____

_____

2. Empieza a cultivar conversaciones con el Espíritu Santo y anota aquí algunas respuestas.

_____

_____

_____

_____

DISCUSIÓN CAPÍTULO CINCO

El discernimiento de espíritus/motivos humanos

1. Ten una forma predeterminada de responder cuando disciernas malos motivos que mantendrá puro tu corazón.

2. Escribe a continuación un compromiso contigo mismo.

3. Ora oraciones de amor y altruismo sobre los motivos humanos de otras personas que hayas discernido esta semana, para bendecirlas. Anótalas a continuación.

DISCUSIÓN CAPÍTULO SEIS

El discernimiento de demonios

1. Escribe tres demonios que hayas discernido esta semana y cómo los discerniste.

   _____

   _____

   _____

   _____

2. Mientras el Espíritu Santo te capacita, recuerda que no todo lo que ves te corresponde a ti hacer algo al respecto. Pregúntale al Espíritu Santo por qué viste a este demonio en particular y anota las respuestas a continuación.

   _____

   _____

   _____

   _____

DISCUSIÓN CAPÍTULO SIETE

El discernimiento de la gloria

1. Comprométete esta semana a estar intencionalmente en la presencia del Señor y alabarle varias veces. Escríbelas a continuación.

_____

_____

_____

_____

2. ¿Cómo sueles sentir o experimentar Su asombrosa presencia?

_____

_____

_____

_____

Notas

Capítulo 1: ¿Qué es el discernimiento de espíritus?

1. https://en.wikipedia.org/wiki/Discernment
2. Jennifer Eivaz, *Seeing The Supernatural*, capítulo 2. (Grand Rapids, Michigan: *Chosen Books*, 2017]

Capítulo 2: Auxilio, ¿qué es lo que siento?

1. Gateway to My Miracle por April Stutzman [Publicación independiente: April Stutzman, 2018].

   Amazon: Paperback: https://amzn.to/38G26P2
2. Jennifer Eivaz, Seer & Prophet Institute en person, 10/25/2018

Capítulo 4: El discernimiento del Espíritu Santo

1. Patricia King, Glory School:

   https://pki.xpmedia.com/p/updated-glory-school

2. Stacy Campbell, *Ecstatic Prophecy*, (Grand Rapids, MI: Chosen Books, 2008)

3. Nabiy' según James Goll, *Discovering The Seer In You,* (Shippensburg, Pen.: Destiny Image, 2007)

Capítulo 6: El discernimiento de espíritus

1. Jennifer Eivaz, Seer & Prophet Institute en persona, 10/25/2018

Acerca de la autora

April Stutzman es cofundadora, junto con su marido Richard Stutzman, de los Ministerios Kingdom Flame. Es una poderosa ministra de liberación y voz profética. April comparte el corazón del Padre para ver a las personas caminar en plenitud y activarse en su destino. Actualmente, April y Richard están capacitando al cuerpo de Cristo a través de seminarios web y reuniones. Les encanta activar a las personas en el ministerio de sanidad, profecía y liberación.

Para saber más acerca de April y su ministerio, puedes visitarla en Internet (*en inglés*):

https://www.kingdomflameministries.com/

Youtube: April Stutzman: Historias de gloria
(en inglés)

https://www.youtube.com/GloryStoriesbyAprilStutzman

Youtube: April Stutzman – Decreto del Rey
(en inglés)

https://www.youtube.com/channel/UCDLLFs3AT-uzsMt-4UG2At7Q

Otros sitios *(en inglés*

Youtube: Canal de Kingdom Flame Ministries

Enlace Youtube:

https://www.youtube.com/KingdomFlameMinistries

Para encontrar más podcasts de Historias de Gloria:

(en inglés)

Apple Podcast:

https://podcasts.apple.com/us/podcast/
glory-stories-by-april-stutzman/id1478437594?at=1l3vwYf

Google Podcast:

https://www.google.com/podcasts?feed=aHR-
0cHM6Ly9hbmNob3IuZm0vcy9kNjhkZTc0L3BvZGNhc-
3QvcnNz

Spotify:

https://open.spotify.com/
show/1V0QfXSSTJP8Xn1miwr9Yl

Breaker:

https://www.breaker.audio/glory-stories-by-april-stutzman-1

Pocket Cast:

https://pca.st/x6tDqK

Amazon Music:

https://music.amazon.com/podcasts/28b-62f7c-bbc3-4a33-ad2a-22e1d3ddfb09/glory-stories-by-april-stutzman

Para más información, vea estos enlaces:

Web: kingdomflameministries.com

Youtube: Kingdom Flame Ministries

YouTube: Glory Stories by April Stutzman

Facebook: Kingdom Flame Ministries

Instagram: @kingdomflameministries

Dirección:

Kingdom Flame Ministries
PO Box 4022
Clovis, CA 93613

Más recursos poderosos de April Stutzman

En **Gateway To My Miracle**, (*Puerta a mi milagro*) April detalla el proceso por el cual el Espíritu Santo la guió para recibir una revelación milagrosa. Desde sus experiencias personales hasta su debilitante fibromialgia, ella comparte el proceso de revelación al descubrir y encontrarse con un Dios bueno. Esta es la historia de cómo Dios cambió a una mujer de dentro a fuera y transformó su vida física y emocionalmente. Este libro es un testimonio de Jesucristo, el sanador. Su historia te dará las claves para abrir la puerta a tu milagro.

Enlace para el libro:

Ebook: https://amzn.to/3aLcRSI
Pasta blanda: https://amzn.to/38G26P2
Letra grande: https://amzn.to/3pto5zy
Pasta dura:: https://amzn.to/3rwOqgO
Audiolibro: https://amzn.to/2X7knzn

El libro de April, **Gateway to My Miracle**, es un testimonio muy transparente acerca de su crianza. Comparte cómo el Señor la sacó adelante, aunque en aquel momento no tenía ni idea de que era Él. Esta historia inspirará a otros a "no rendirse", sino a creer en la Palabra de Dios de que podemos esperar que Él use nuestro pasado para moldearnos y prepararnos para Su Llamado y Destino en nuestras vidas. Obtendrás útiles "herramientas para la vida" al leer la historia de April. Sé bendecida y empoderada.

Constance J. Bounds - God's Eagles Ministry

Gateway to My Miracle, es el poderoso testimonio de la travesía personal de April Stutzman hacia la sanidad. Mucho más que compartir con transparencia un testimonio que cambia vidas, *Gateway to My Miracle* aborda con valentía las preguntas y los conceptos erróneos que surgen tanto en el cuerpo de Cristo como fuera de la iglesia. Sea que estés experimentando la necesidad de sanidad física o emocional, o que estés tomando el manto para pelear por otros, encontrarás que este libro es un edificador de fe y un recurso poderoso. Este libro te beneficiará grandemente a ti y a aquellos que te importan. ¡Que Dios aumente tu fe y te dé la victoria!

Jodi Ferguson – Cofundadora y Codirectora del Ministerio Warrior's Heart, Women's Equipping Network, Productora del programa de televisión "Signs Following with JC"

Me encantó este libro. Su testimonio es asombroso. Es emocionante leer acerca de su sanidad y travesía con Dios. Ya lo he leído dos veces. Es fácil de entender y de recibir tus propios milagros.

Sherry Boyd

En este libro, April habla de su travesía de sanidad, tanto de sanidad interior como de la sanidad milagrosa de fibromialgia. Yo había escuchado una entrevista en podcast con April, y por el breve testimonio que escuché, sabía que tenía que leer este libro. El libro no me decepcionó. Algunas citas del libro que resonaron en mí: "Necesitaba sanidad interior y liberación. ¿Por qué no se hablaba de ella ni se enseñaba?" "Había una herida en mi alma y necesitaba liberación. Ojalá la Iglesia hablara de estas cosas y permitiera que el Espíritu Santo sanara a las personas". "Una persona solo puede amar al nivel en que su corazón ha recibido sanidad y el amor de Dios".

Y luego, cuando Dios la sanó de fibromialgia, oyó decir a Dios: "Si puedo sanar a las naciones, ¿qué clase de Dios sería si no te sanara a ti?". ¡Vaya! Simplemente ¡guau!!

Joanna Russell

Este libro fue tan emocionante de leer porque April contó la historia de su vida de mucha angustia y dolor, dándose cuenta de que Dios la ama tanto y viene a ella revelando Su amor a través de la visión, sanando su corazón, sanando su cuerpo, y ella en fe sigue adelante y permite que el Espíritu Santo le enseñe mientras lee la Palabra y recibe más visión, ¡y ahora puede enseñar y hablar a otros del Señor!

Pat Tranter

Gateway to My Miracle es el poderoso testimonio de April Stutzman sobre el amor redentor y el poder milagroso de Cristo. Mientras lees, April te guía a través de su propia travesía personal hacia la sanidad y la libertad. Sus palabras dirigidas por el Cielo y reveladas por el Padre te ayudarán a liberarte de las mentiras del enemigo, los traumas del pasado y el dolor físico. Si necesitas claves para avanzar en tu propia vida, este es tu libro. A medida que April comparte sus propias heridas emocionales del pasado y su enfermedad, te abrirá los ojos y despertará tu corazón a las cosas profundas y ocultas de tu propia alma que Jesús quiere sanar y de las que quiere liberarte. Este libro me hizo escudriñar mi propio corazón mientras lo leía. ¡Prepárate para abrir la puerta al milagro por el que has estado orando!

Teryn Yancey
Cofundador de Glory Culture International

Sesiones de Libertad -Sanidad Interior

Mi marido y yo disfrutamos de ministrar sanidad interna mediante Sesiones de Libertad en línea a través de Zoom o Google Meet Video. Estas sesiones suelen durar dos horas. Cristo vino a liberar a los cautivos, y nosotros hemos recibido este manto del Señor. Nuestro deseo es ver a cada uno caminar en el destino que Dios le ha dado. Con el tiempo ocurren heridas, tienen lugar ciclos y el pecado generacional afecta al linaje. Cuando nos apropiamos del poder de la cruz en el ADN, llevamos la victoria a los linajes generacionales con el propósito de llevar la gloria. Nuestra pasión más profunda es ver las líneas de sangre restauradas a la intención original de Dios. A continuación se enumeran algunas de las áreas en las que hemos ministrado. Hay muchas más.

Abuso sexual	Violación
Trauma	Masonería
Abuso	Pasado de ocultismo
Rechazo	Orfandad
Abandono	Ira
Sexualidad	Temor
Demonios	Ataque en sueños

Hemos ministrado a muchos profetas y a las personas proféticas con el manto del Señor. Es muy importante, como Oráculo de Dios, tratar todos los asuntos del corazón para que no puedan contaminar tu voz. La lente a través de la cual vemos y oímos al Padre está relacionada con nuestros cimientos. Cuando recorremos el proceso de sanidad, empezamos a hacer sólidos nuestros cimientos en Jesucristo.

Celebramos a Jesucristo. Gracias a Él, podemos liberar a los cautivos y vendar las heridas.

Si no has aceptado a Jesucristo como tu Salvador personal, ora esta oración:

"Jesús, creo que moriste en la cruz por mí y por mi pecado (áreas en las que he fallado). Perdona mis pecados, límpiame y lávame. Creo que moriste y resucitaste por mí. Por favor, date a conocer a mí. Amén".

Haz clic en este código QR o acude a nuestro sitio web

Si considerarás orar por nuestro ministerio y sembrar en ella sería maravilloso. Las siguientes son varias maneras de ofrendar, incluyendo a nuestro sitio web.

Kingdom Flame
@kingdomflame

Kingdom Flame
Scan to pay $kingdomflame

Testimonios personales

Me encantaría darles las gracias a Richard y April por su amor y sus cuidados. Cuando los conocí y empecé una oración, me sentí automáticamente como en familia. He recibido tanta victoria sin siquiera procurarlo. ¡Mi familia también ha visto la sanidad a través de mi sanidad!

KB

Aquí tenemos uno de los testimonios de una persona SRA a la que hemos ministrado.

Algunos de nosotros vamos por la vida con problemas que parece que no podemos superar. Sabemos de algún modo que hay problemas que deben resolverse, pero no tenemos ni idea de por dónde empezar. Estoy muy agradecida con April y Richard por su diligencia a la hora de estudiar y adquirir conocimientos en áreas que son tan horribles que la mayoría de las personas no quieren enfrentarse a ellas. Gracias a sus Sesiones de Libertad, estoy experimentando la libertad en áreas en las que pensaba que nunca sería libre. Tengo esperanza, tengo paz y, cada vez más, camino en mi verdadera identidad. Estoy sumamente agradecida a mi Salvador y Libertador y a Sus siervos, April y Richard, por ministrar libertad a los cautivos. ¡Hay esperanza!

Anónimo

Mis sesiones con April y Richard han sido transformadoras en muchos niveles, en algunos de los cuales estoy segura de que aún no he visto la plenitud. Hacen un trabajo increíble en el reino espiritual. He podido tanto aprender de sus métodos como simplemente recibir sanidad y liberación a través de sus oraciones. Y lo que es más importante, mis sesiones con ellos han aumentado mi conciencia de mi autoridad y me han hecho crecer en la confianza de quién el Señor me ha creado para ser. Su discernimiento profético me ha ofrecido mucha confirmación y aliento. Sentí al temor desmantelarse, las fortalezas generacionales sacudirse, y la duda y la autocondena disolver. ¡Gracias, Jesús!

Los amo, Allie

¡Las sesiones de libertad de April han sido increíbles! Me han roto maldiciones generacionales. ¡Me siento más sensible a la dirección del Espíritu Santo y he experimentado un aumento en la presencia del Señor! Además, mi madre cristiana fue atormentada por demonios durante años. Este tormento fue eliminado gracias a que April es vidente por el poder del Espíritu Santo. Ha sido liberada de años de lo que yo pensaba que eran problemas mentales, ¡pero ella lo vio en el espíritu! Wow, estas eran actividades demoniacas reales operando en la vida de mi madre, ¡así que estoy tan agradecido por April y su marido, Richard!

Hal

La experiencia más liberadora que he tenido a través de las sesiones de libertad es el espacio para abrirme y hablar de mis "problemas" sin sentirme juzgada. Comprender que no estoy loca y que hay una solución. Jesús se preocupa por cada pequeño detalle de mi vida (pensamientos, emociones y experiencias), y puedo confiar plenamente en Él y creer en Él para que me libere de cualquier cosa que me impida avanzar hacia mi destino.

Christy

Para conseguir información acerca de las Sesiones de Libertad y Sanidad interior: Email:

info@kingdomflameministries.com

Sitio web: www.kingdomflameministries.com/deliverance

Tenemos cuotas para sesiones de dos horas.

Mi ebook está disponible en las siguientes plataformas:

Apple, Amazon, Kindle, Google Play, Kobo, Nook, Barnes & Noble, Booktopia, 24 Symbols, Bidi, Leamos, Periego, Scridb e Ebook en PDF digital.

Sitio web para camisetas y otros artículos de Kingdom Flame

https://kingdomflame.threadless.com/

www.kingdomflameministries.com/resources

¡Este libro está disponible en libro electrónico y en rústica en inglés!

119

Centro de Recursos de Ministerios
Kingdom Flame *(Todos están en inglés)*

https://www.kingdomflameministries.com/resources

Introducción a la liberación

1. What is deliverance
2. Who needs deliverance
3. Reasons why deliverance is needed
4. How do I start the process of deliverance
5. Basics of beginner's deliverance ministry
6. Impartation and Activation

Teaching by April Stutzman
www.kingdomflameministries.com
MP3 (Download) - CD-Audio - DVD Video

Los temas incluyen:

- ¿Qué es la liberación?

- ¿Quién necesita la liberación?

- Razones por las cuales se necesita la liberación

- ¿Cómo inicio el proceso de liberación?

- Los aspectos básicos del ministerio de liberación del principiante

- Impartición y activación

Avance del seminario web:

https://youtu.be/lY3yrdjGxFk

6 Thing's that hinder's your Prophetic Flow

1. **Discussion on what the bible says about prophecy**
2. **What are 6 thing's that can hinder your prophetic voice**
3. **What are prophetic acts**
4. **Prayer and impartation**
5. **Activations**

2 Hour's Session

Teaching by April Stutzman

www.kingdomflameministries.com

@April Stutzman 2020 All Rights Reserved

MP3 (Download) - CD-Audio - DVD Video

6 Cosas que impiden tu fluir profético

Los temas incluyen

- Discusión sobre lo que la Biblia dice acerca de la profecía

- Activaciones

- Qué son los actos proféticos

- ¿Cuáles son 6 cosas que pueden impedir tu voz profética

- Oración e impartición

Avance del seminario web:

https://youtu.be/TfsIk9BBeLg

Carving a realm In Joy

1. What is true Joy?
2. Why is Joy a Weapon?
3. How do we walk in joy during the midst of hard places?
4. How to allow Joy to impact those around us?
5. How did David express Joy?
6. What re some of the invaluable lessons of Joy?
7. Is Joy a Weapon?

8 Hour's Session

Teaching by April Stutzman
www.kingdomflameministries.com
@April Stutzman 2020 All Rights Reserved
MP3 (Download) - CD Audio - DVD Video

Labrando un ámbito en la alegría

Los temas incluyen:

- ¿Qué es la verdadera Alegría?

- ¿Cómo caminamos en la Alegría en medio de lugares difíciles?

- ¿Por qué es un arma la Alegría?

- ¿Cómo permitir que la Alegría impacte en los que nos rodean?

- ¿Es la Alegría un arma? ¿Cómo expresó David la Alegría?

- ¿Cuáles son algunas de las valiosas lecciones de la Alegría?

Avance del seminario web:

 https://youtu.be/LTkFktWvqCk

Prophetic Equipping

1. Prophetic ministry verses
   the office of a prophet
2. Common attacks that try to
   hinder the prophetic flow in your life
3. Overcoming hinderances in the prophetic
4. Prophetic ministry times with Q & A
5. What is a seer prophet?

11 Hour's Session's

Teaching by April Stutzman

www.kingdomflameministries.com

MP3 (Download) - CD Audio - DVD Video

Capacitación profética

Los temas incluyen:

- El ministerio profético versus el oficio de profeta

- Ataques comunes que intentan obstaculizar el flujo profético en tu vida

- Cómo superar los obstáculos en lo profético

- Tiempos de ministerio profético con preguntas y respuestas

- Activación profética

- ¿Qué es un profeta vidente?

  Avance del seminario web:

123

Dream Interpretation

1. Interpreting Other People's Dreams
2. The Basics - What does the bible say about dreams?
3. Type of Dreams (warning, revelation, etc.)
    Source of Dreams (God / not God)
4. Dream Symbols & Tools & Interpretative Strategies

Teaching by April and Jodi Ferguson

9 Hour's Session's

www.kingdomflameministries.com

MP3 (Download) - CD Audio - DVD Video

Interpretación de sueños

Los temas incluyen:

- Los Conceptos Básicos— ¿Qué dice la Biblia acerca de los sueños?

- Tipo de sueños (advertencia, revelación, etc.) y Fuente de los sueños (Dios / no Dios)

- Símbolos, herramientas y estrategias interpretativas de los sueños

- Interpretando los sueños de otras personas

Avance del Seminario Web:

 https://youtu.be/mbEioaQmejY

Internal Healing of the Soul

1. **Abandonment / Abuse**
2. **Orphan Spirit**
3. **Trauma / Fear/ PTSD**
4. **Betrayal / Offense**
5. **Unforgiveness / Suicide**
6. **Restfulness / Bitterness**
7. **Impartation and Ministry times**

9 Hour's Session

Teaching by April and Patricia Doty
www.kingdomflameministries.com
MP3 (Download) - CD Audio - DVD Video

Sanidad interior del alma

Los temas incluyen:

- Abandono—abuso

- Espíritu de orfandad

- Trauma - Temor - TEPT

- Traición – ofensas

- Falta de perdón – Suicidio

- Descanso - Amargura

- Impartición y tiempo de ministerio

Avance del seminario web:

https://youtu.be/fnSOSgtH06A

125

Discerning of Spirits

1. Discerning human spirit
2. Discerning the angels
3. What is discernment and why do I need it
4. Discrening the fallen demonic Angels
5. Discerning human spirit
6. Discerning the fallen demonic Angels
7. Pitfalls of discerning
8. Impartation and Q & A sessions

8 Hour's Session
Teaching by April and Patricia Doty
www.kingdomflameministries.com

MP3 (Download) - CD Audio - DVD Video

Los dones del discernimiento de espíritus

Los temas incluyen:

- ¿Qué es el discernimiento y por qué lo necesito?

- Discerniendo el espíritu humano

- Discerniendo a los Ángeles

- Discerniendo a los Ángeles demoníacos caídos

- Trampas del discernimiento

- Impartición y sesiones de preguntas y respuestas

Avance del seminario web:

https://youtu.be/EXQuFIMwVIY

Cuando tengas un segundo para dejar una recomendación en el sitio web de Amazon, te lo agradeceríamos. También ayuda a la clasificación de mi libro, para que otros se animen a comprarlo.

Por favor, haz clic en los enlaces de abajo y deja una recomendación. Nallie, nuestra hija menor, también lo agradecería. ¡Guau, Guau!

Amazon.com/review/create-review?&asin=1735175145

Amazon.com/review/create-review?&asin=1735175161

Bendiciones,

April

La mejor manera de agradecer a un(a) autor(a) es por medio de escribir una reseña y recomendación

Libros audio en Apple, Amazon, Audible, Kobo, Google Play, Nook, BAM Audiobooks, Audiobooksnow, Bol, Booktopia, Chirp, Bookbeat,y Ubook! CD Audible disponible en nuestro sitio web.

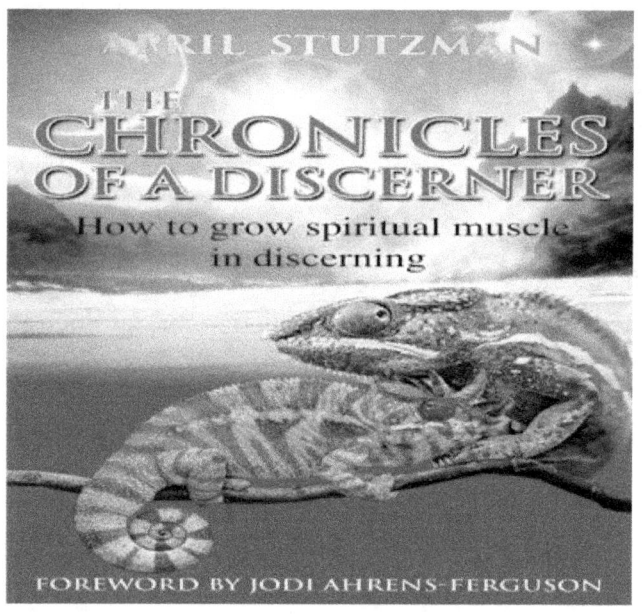

Avance del capítulo 2 en audio

https://www.youtube.com/watch?v=NlNbKQIyUtg

Libros audio en Apple, Amazon, Audible, Kobo, Google Play, Nook, BAM Audiobooks, Audiobooksnow, Bol, Booktopia, Chirp, Bookbeat,y Ubook! CD Audible disponible en nuestro sitio web.

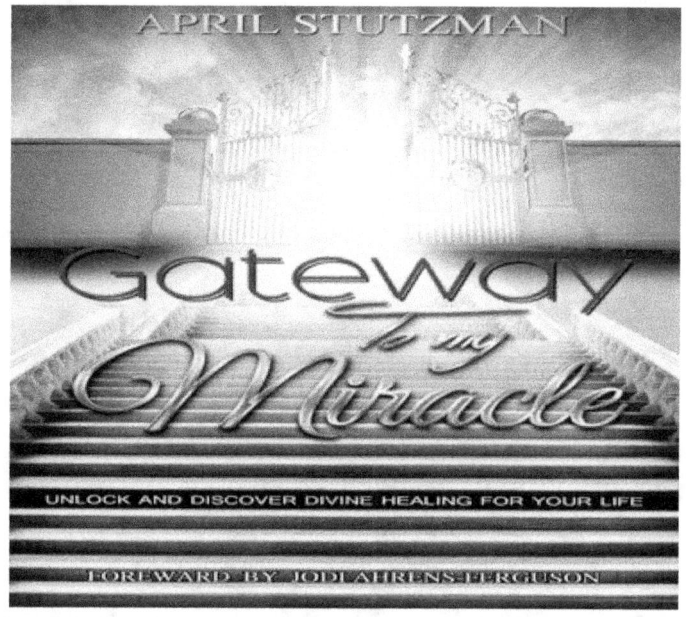

Avance del capítulo 1 en audio

https://youtu.be/GKoMvvmfl8Q

Los audiolibros están en inglés.: Apple, Amazon, Audible, Kobo, Google Play, Nook, BAM Audiobooks, Audiobooksnow, Bol, Booktopia, Chirp, Bookbeat, and Ubook! CD Audible Available on our Website.

Free Audio Preview of Chapter 2

https://www.youtube.com/watch?v=NlNbKQIyUtg

Oración de Impartición

El Espíritu Santo quiere que declare mucha precisión a tu Discernimiento de Espíritus ahora mismo. *"Papá, en esta hora, decreto y declaro a los que leen este libro, que la precisión está sucediendo en su don. ¡Su discernimiento será afilado como una cuchilla! Eliminamos, ahora mismo, toda asignación de error o mezcla que contamine el don en el nombre de Jesús. El viento del Espíritu Santo está presente contigo para moverte hacia lo nuevo y ayudarte a soltar cualquier estancamiento de la última temporada. Percibo en algunas personas que la decepción que han sentido en el pasado ha obstaculizado su don. Ordeno que se vaya toda decepción; que se vaya toda pesadumbre, en el nombre de Jesús. Que se vaya toda pena y todo dolor. Libero la alegría del Señor y te pido, Papá Dios, que les envíes a los ángeles ministradores".*

En el nombre poderoso de Jesús,

Invita a April a compartir en tu próximo evento:

April Stutzman es una poderosa y ungida oradora y ministra. Es una capacitadora, una entrenadora profética y lleva un fuerte manto de sanidad interior y liberación. Si deseas que April hable en tu evento, envía un correo electrónico con las fechas y horas solicitadas a:

info@kingdomflameministries.com.

Los temas incluyen:

Discernimiento de Espíritus

Interpretación de los Sueños

Capacitación Profética

Labrando un Reino de Gozo

Introducción a la Liberación

Sanidad interna del alma

6 cosas que impedirán tu flujo profétic